シリーズ「遺跡を学ぶ」

019

縄文の社会構造をのぞく

姥山貝塚

堀越正行

新泉社

縄文の社会構造をのぞく
—姥山貝塚—

堀越正行

【目次】

第1章　海と貝塚

1　日本考古学史を飾った姥山貝塚

明治時代に日本考古学が近代科学としてスタートを切るきっかけとなったことで知られる、東京の大森《おおもり》貝塚や茨城県陸平《おかだいら》貝塚と並んで、大正時代以来、戦前の考古学史のなかでもっとも著名な貝塚は、千葉県市川《いちかわ》市の姥山《うばやま》貝塚であった（図1・2）。

それは姥山貝塚が東京の近郊にあって、はやくから学者の眼を惹きつけていたこともあったが、一九二六年（大正一五）の発掘で、わが国ではじめて縄文時代の竪穴住居跡が完全な形で発見されたからである。新聞紙上で「石器時代の家見つかる」などと大々的に報道され、〝国民的な話題〟となり、近くの下総中山《しもうさなかやま》駅から姥山貝塚まで、えんえんと長蛇の列をなして見学者が訪れたという。

さらに、たまたまそのときに来日した、考古学の王子といわれたスウェーデンの皇太子が姥

図 1 ● **姥山貝塚の位置**

図 2 ● **南側から見た姥山貝塚**（1972 年）
中央の円形に見える範囲が姥山貝塚。柏井台（かしわいだい）の端にあり、手前の向根（むかいね）の谷に面して立地している。

山貝塚を見学し、みずから発掘をおこなうということなどもあって、姥山貝塚の名は国内ばかりでなく、海外にまで鳴り響くようになったのである。

その後、日本は次第に戦争の時代に向かって時が流れ、考古学そのものも社会の隅に追いやられていくような風潮が強まったが、東京に近接した姥山貝塚や同じ市川市内の堀之《ほりの》内《うち》貝塚には、団体や個人の愛好家が訪れて、ひっきりなしに発掘を続けられていたらしい。

そうしたなかで、一九二六年（大正一五）、下志津《しもしづ》陸軍飛行学校による姥山貝塚全景の航空写真の撮影（図3）と、参謀本部陸地測量部による地形測量図（図21）およびA地点・B地点の全測図の作成は、はじめての貝塚の航空写真と測量図として考古学史に残るものとなった。

そして戦後、姥山貝塚はふたたび考古学界

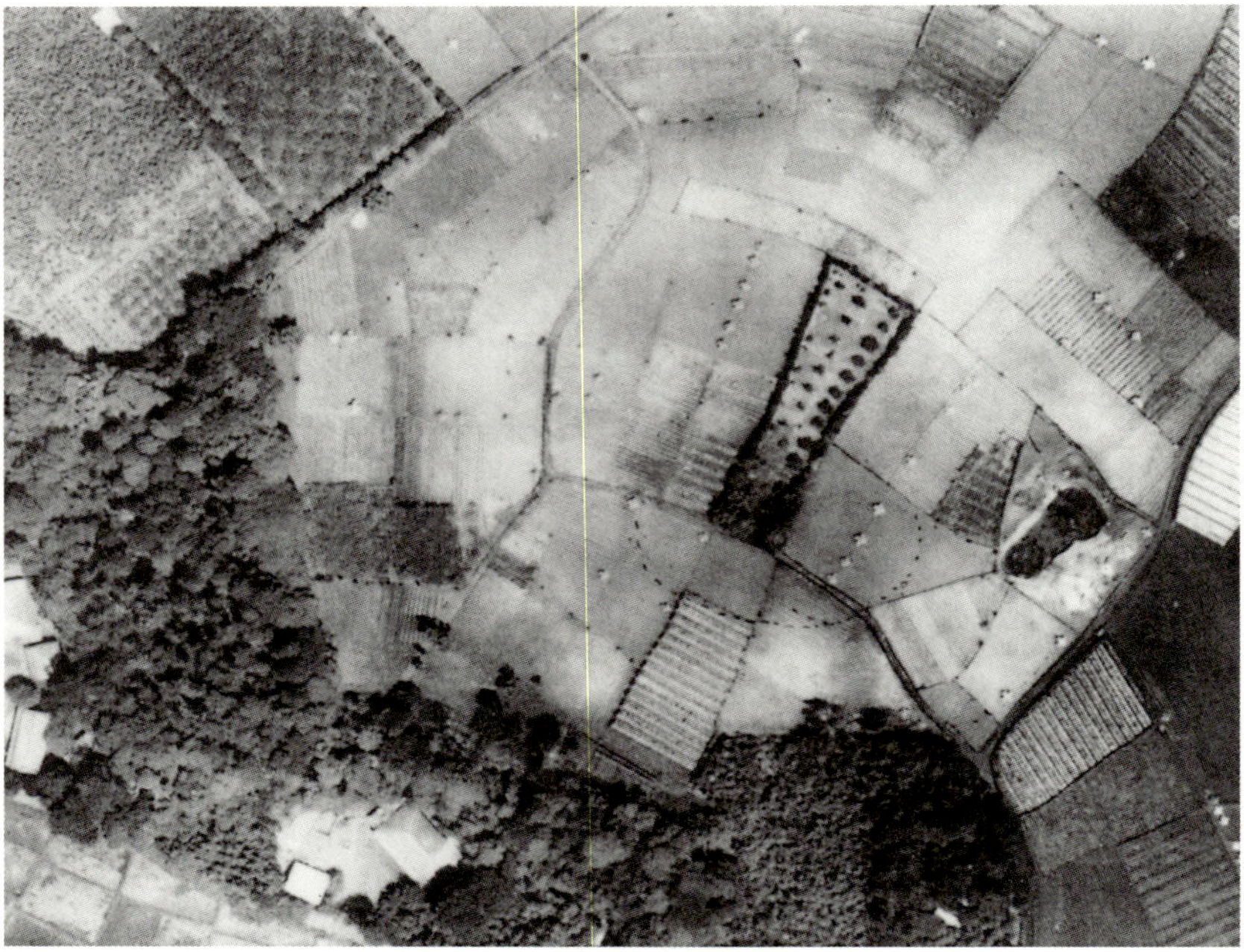

図3 ● 1926年の下志津陸軍飛行学校による航空写真
円形の地割りが姥山貝塚。貝殻が白く光っているのがわかる。
右側にA地点の発掘区（楕円形の濃い部分）が見える。

図４ ● 杉原荘介が戦前に発掘した姥山貝塚の土器
1928 〜 29 年にかけて、当時旧制中学校の生徒だった杉原少年が、
Ａ地点南側のＳ１地点から発掘。加曽利ＥⅠ式（高さ 40.8cm）

で注目される遺跡となり、戦後の新しい科学技術の応用による調査方法の導入、さらに縄文集落、社会構成の研究をめざすといった問題意識も加わり、戦後の日本考古学の発展、とりわけ貝塚研究のあり方について大きな刺激を与えたのである。

本書では、いわば貝塚研究の一つの基準をつくった、姥山貝塚の発掘調査の歴史をふりかえり、姥山貝塚が投げかける縄文世界の一側面について、筆者なりのまとめを記述したい。

2　日本最大の貝塚地帯

はじめての貝塚発見

千葉県下で、古代人の残した貝塚という認識をもって、はじめて発見された貝塚は、千葉市緑区平山町（当時は平山村）の長谷部《はせべ》貝塚（別称、主理台《しゅりだい》貝塚）である。この顚末については、加部巌夫により、「古器物見聞の記」と題し、一八八一年（明治一四）一二月、『好古雑誌』初編第六号に紹介されている（図5）。

それによると、夏期休暇を利用して常総《じょうそう》各地をめぐっていた伊澤信三郎は、同年八月二七日、東金《とうがね》村（現東金市）から佐和《さわ》村（現千葉市若葉区佐和町）に歩みを進め、道路修築の工事現場に遭遇した。そこで彼は、盛んに往来する人馬が運び、そして道路に撒いていた土砂のなかに、貝殻や瓦器《がき》（土器のことであろう）、獣骨がふくまれていることを目ざとく発見した。これらは古代の介墟《かいきょ》（貝塚のこと）と古代の物であると認め、その土砂をもって来た場所を聞き出し、ついに長谷部貝塚を突き止めたのである。

これは、E・S・モールスによる東京・大森貝塚の発見・発掘のわずか四年後のことである。当時の日本人で、このように貝塚や古代の遺物とすぐ認識できたのは、よほどの識者であろう。実際、伊澤信三郎の兄は、文部省書記官の伊澤修二であり、実兄を介して大森貝塚のことを知っていたにちがいない。

信三郎は翌日、遺物をもって東京に帰り兄に鑑定を求めるとともに、友人を誘って二九日には千葉に戻り、長谷部貝塚近くの番人《ばんにん》と六通《ろくつう》で新たに貝塚を発見している。いずれも発掘を実施したという記載はないから、貝塚の踏査で終わっているようである。

千葉県の縄文時代貝塚数

こうして千葉県に貝塚のあることが知られると、東京から研究者が足しげく訪れるようにな

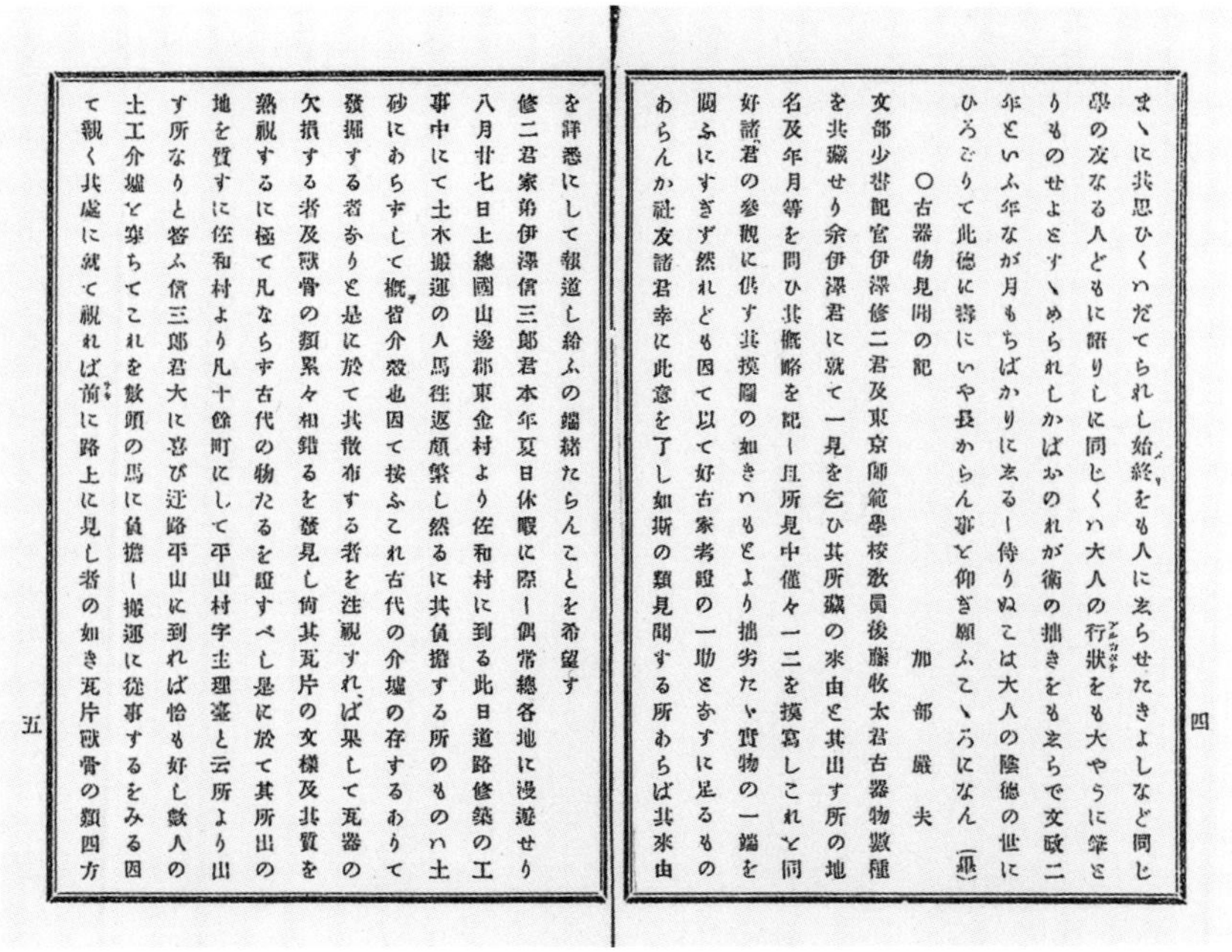

まゝに其思ひくハだてられし始終をも人に志らせたきよしなど同じ學の友なる人どもに語りしに同じくハ大人の行狀《アルカタチ》をも大やうに筆とりものせよとすゝめられしかばおのれが備の拙きをも志らで文政二年といふ年ながら月もちばかりに志るし侍りぬこは大人の陰徳の世にひろごりて此徳に諧にいや長からん事と仰ぎ願ふこゝろになん（畢）

○古器物見聞の記　　加部巖夫

文部少書記官伊澤修二君及東京師範學校教員後藤牧太君古器物數種を其藏せり余伊澤君に就て一見を乞ひ其所藏の來由と其出す所の地名及年月等を問ひ其概略を記し且所見中僅々一二を摸寫しこれと同好諸君の參觀に供す其摸圖の如きハもとより拙劣たゞ實物の一端を闚ふにすぎず然れども因て以て好古家考證の一助となすに足るものあらんか社友諸君幸に此意を了し如斯の類見聞する所あらば其來由

四

を詳悉にして報道し給ふの端緒たらんことを希望す

修二君家弟伊澤信三郎君本年夏日休暇に際し偶常總各地に漫遊せり八月廿七日上總國山邊郡東金村より佐和村に到る此日道路修築の工事中にて土木搬運の人馬往返頗繁し然るに其負擔する所のものハ土砂にあらずして概皆介殼也因て按ふこれ古代の介墟の存するありて發掘する者ありと是に於て其散布する者を注視すれば果して瓦器の欠損する者及獸骨の類累々相錯るを發見し倘其瓦片の文樣及其質を熟視するに極て凡ならず古代の物たるを證すべし是に於て其所出の地を質すに佐和村より凡十餘町にして平山村字圭理臺と云所より出す所なりと答ふ信三郎君大に喜び迂路平山に到れば恰も好し數人の土工介墟と穿ちてこれを數頭の馬に負擔し搬運に從事するをみる因て親く其處に就て視れば前《サキ》に路上に見し者の如き瓦片獸骨の類四方

五

図5 ● はじめて貝塚の発見を紹介した、加部巌夫「古器物見聞の記」
（『好古雑誌』初編第6号、1881年12月）

り、また地元の研究者の染谷大太郎・大野一郎・大野市平らも加わり、貝塚がつぎつぎと発見されていった。

明治二〇年代ごろには、縄文土器を「貝塚土器」、土偶を「貝塚土偶」と、わざわざ貝塚をつけてよばれていたが、それは当初の研究が貝塚に集中していたからだろう。明治三〇年代からは、石器時代という呼称が一般化していく。

現在、全国の正確な貝塚数は不明だが、手元にある各地の新旧の資料をもって地方ごとに貝塚数を集計してみた（図6）。

日本列島とは時代名称を異にする沖縄県を除くと、縄文時代の貝塚は全国で二三四四貝塚、うち関東地方は一五二四貝塚で六五パーセントを占めている。全国の縄文時代貝塚の約三分の二が関東地方にあるということになる。

なかでも千葉県がもっとも多く六九四貝塚、茨城が四〇四貝塚で次ぎ、以下、東京・埼玉・神奈川・栃木・群馬の順となっている。

千葉県の貝塚は、全国の約三〇パーセント、関東地方の約四六パーセントを占めており、まさしく千葉県は縄文時代貝塚の中心地といえるのである。

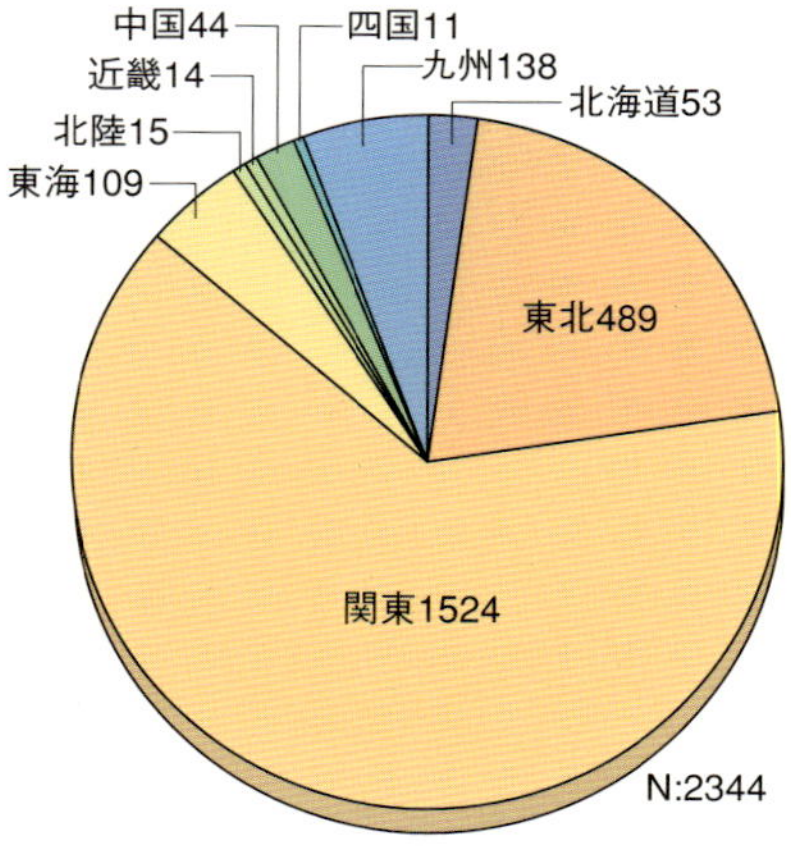

全国の地方別縄文時代貝塚数

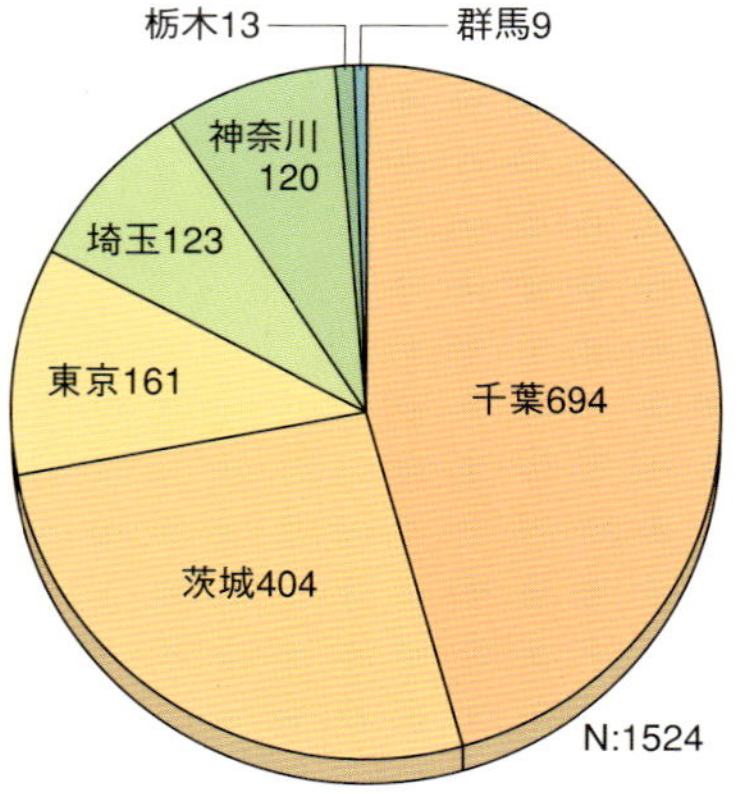

関東地方の県別縄文時代貝塚数

図6 ● 縄文時代の貝塚数の比較（沖縄県を除く）

京葉地区東京湾の貝塚数

では、千葉県のうちどの地区に貝塚が多いのだろうか。「千葉県内貝塚分布地図・地名表」をもとにまとめると、西北の関宿《せきやど》から松戸《まつど》まで、かつて奥東京湾であった地区が一二三貝塚（一七パーセント・埼玉県に編入された二八貝塚をふくむ）、市川から富津《ふっつ》岬までの京葉《けいよう》地区東京湾は三四五貝塚（四八パーセント）、富津岬から館山《たてやま》市洲崎《すざき》までの内房《うちぼう》地区東京湾は一三貝塚（二パーセント）、洲崎から岬《みさき》町の太東《たいとう》崎までの外房《そとぼう》地区太平洋岸は一四貝塚（二パーセント）、太東崎から銚子市犬吠埼《いぬぼうさき》までの九十九里浜地区太平洋は六七貝塚（九パーセント）、犬吠埼から現利根川をさかのぼって関宿までの、かつて古鬼《き》怒《ぬ》湾であった地区は一六〇貝塚（二二パーセント）である（図7）。

このうち上位三地区の京葉地区東京湾、古鬼怒湾、奥東京湾で六二八貝塚、八七パーセントを占めている。これらの地区は内湾部で、しかも干潟の発達した地域であるという共通項でくくることができる。

一方、内房地区、外房地区、九十九里浜地区は、太平洋という外洋の影響を強く受けた地域で、そのうちの前二者は、さらに岩礁《がんしょう》がまさり、干潟《ひがた》の発達に乏しい。以上の状

図7 ● 房総の地区別縄文時代貝塚数

況から、干潟の発達の差が、貝塚の数の差に比例しているという傾向を読みとることができるだろう。

さて姥山貝塚は、この三四五貝塚という最多の貝塚が連なる、市川から富津岬までの約七〇キロの京葉地区東京湾に属している（図8）。けっして一列に並んでいるわけではないが、海岸線を一キロ行くごとに平均約五カ所の貝塚が海岸線の奥にあることになる。

この京葉地区東京湾の貝塚の特色は、中期のものが多く、後期がこれに次ぎ、他の時期の貝塚は少ないことである。

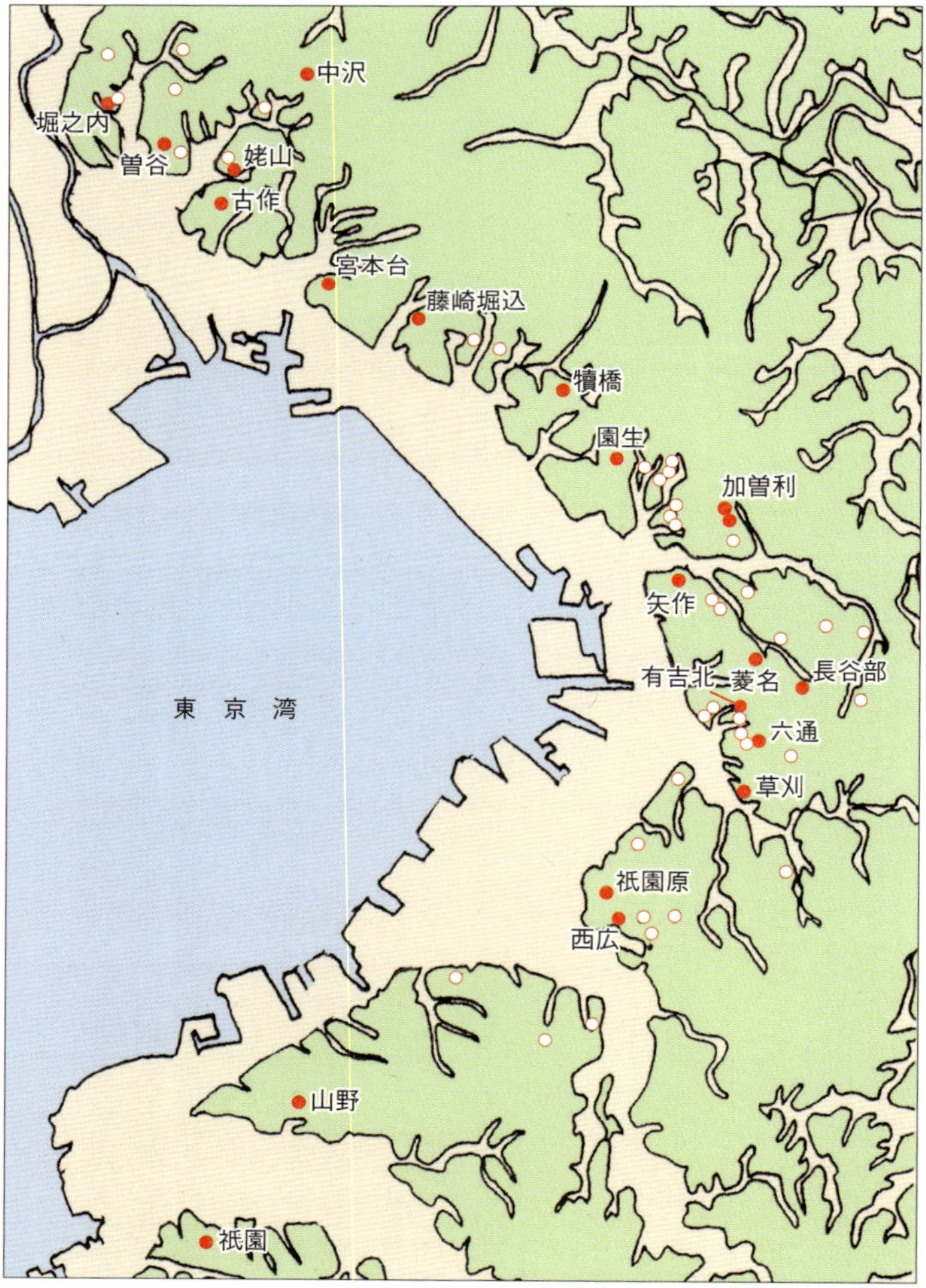

図8 ● 京葉地区東京湾岸の馬蹄形貝塚の分布

中期は一四〇貝塚、後期は一一六貝塚あり、中期の貝塚は千葉県全体の六八パーセント、後期の貝塚は五五パーセントを占めている。そのなかで姥山貝塚は、中期と後期の双方の時期に貝塚を残しているから、まさしく、京葉地区東京湾を代表する貝塚のひとつといえよう。

じつは、中期のみの貝塚や、後期のみ、あるいは中期末から後期に続く貝塚は多いが、姥山貝塚のような、中期も後期も集落として利用された貝塚遺跡は、千葉市加曽利《かそり》貝塚・千葉市有吉北《ありよしきた》貝塚・市原市西広《さいひろ》貝塚・木更津《きさらづ》市祇園《ぎおん》貝塚など、数は限られ、そう多くはないのである。

このように中期末から後期初頭にかけての時期に、集落の連続性がとぎれ流動的になることは、沿岸部の貝塚地帯のみならず、内陸部においても広く認められることである。その原因はいまだ解明されていないが、なんらかの自然現象の変化が人びとの生活、ひいては社会関係にまで影響を与えたことが想定される。この時期、貝塚の形成が活発でなくなることも、このことが反映している可能性が高い。ただし、神奈川県の称名寺《しょうみょうじ》貝塚や千葉県の鉈切《なたぎり》洞窟など、干潟地でない東京湾湾口部での漁撈活動は活発におこなわれている。

ともあれ、縄文時代中期・後期におけ

縄文時代	前期	
	中期	五領ヶ台Ⅰ・八辺
		五領ヶ台Ⅱ・阿玉台Ⅰa
		勝坂Ⅰ・阿玉台Ⅰb
		勝坂Ⅱ・阿玉台Ⅱ
		勝坂Ⅲ・　〃
		勝坂Ⅳ・阿玉台Ⅲ
		勝坂Ⅴ・（中峠）・阿玉台Ⅳ
		加曽利EⅠ
		加曽利EⅡ
		加曽利EⅢ
		加曽利EⅣ
	後期	称名寺Ⅰ
		称名寺Ⅱ
		堀之内1
		堀之内2
		加曽利B1
		加曽利B2
		加曽利B3
		高井東・曽谷
		安行1
		安行2
	晩期	

図9●姥山貝塚にかかわる縄文時代の土器編年

る遠浅の干潟の発達が貝の多産をうながし、とりわけ京葉地区東京湾を中心に貝塚の形成をうながしたことは確実なのである。

3　姥山の海と生業

干潟の形成

縄文時代の千葉県ほど、目まぐるしく水陸の変化していった土地はないのではなかろうか（図11）。縄文時代のはじまるころは、最終氷期以降の温暖化により海進が進んだとはいえ、東側の太平洋岸はまだ九十九里浜の沖合にあり、南側の東京湾もまだいまより沖合にあった。

やがて海進が最高になる六〇〇〇年前前後の縄文時代前期前半になると、東と南側の海がいまに残る台地まで押し寄せ、さらに北側が古鬼怒湾、西側が奥東京湾という海となった。下総台地は、奥東京湾東岸の関宿を通る尾根状の台地により、かろうじて古河《こが》・小山《おやま》・宇都宮への陸路により本州とつながっていた、という時期もあっ

図10 ● 千葉県木更津市小櫃川河口の干潟
いまでも自然の姿をとどめる東京湾内最大の干潟である。

たほどである。

海進が一段落したあとの縄文時代中期以降は海退となるが、その間にも海水準の停滞や一時的海進もあり、水陸の分布は一様ではなかった。しかし、海進の勢いがなくなると、河川の運ぶ土砂による海底の埋め立てと三角州の前進、それに沿岸流による谷の出口部での砂州の形成が進んでいく。

砂と赤土からなる下総台地では、大河はなくとも、雨水や湧水による浸食で木の枝のように多数の谷が切れ込んでいき、崖の浸食も容易なため屏風《びょうぶ》のような崖線《がいせん》が続き、波蝕台《はしょくだい》と砂《さ》州《す》・三角州の織りなす大小の遠

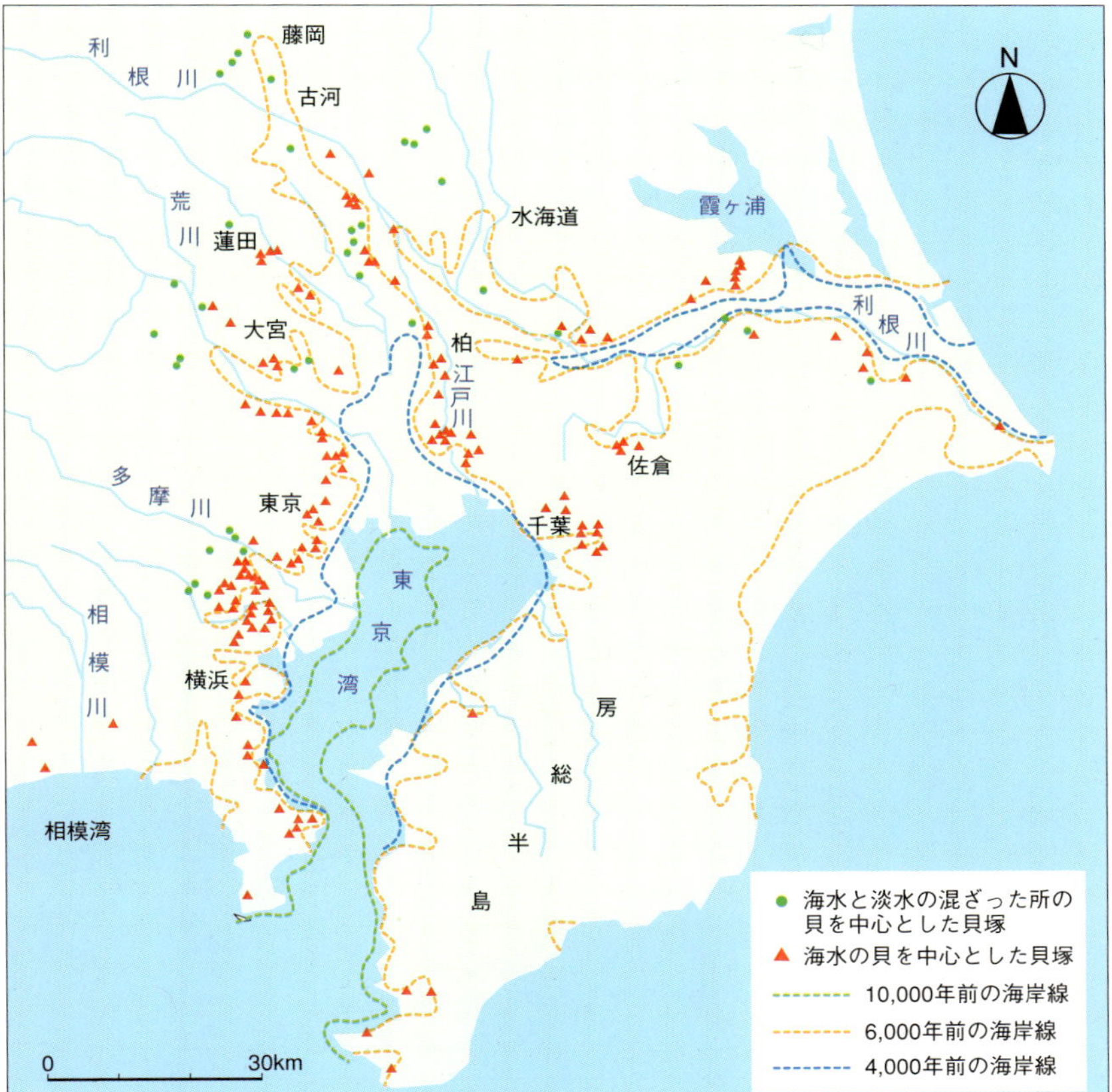

図11 ● 南関東における海岸線の変化と縄文時代のおもな貝塚

27
26
25
24
9
大
柏
谷
22
C
21
20

図12 ● 下総台地に樹枝状にのびる開析谷と大型馬蹄形貝塚
A：堀之内貝塚、B：曽谷貝塚、C：姥山貝塚
市川の台地は、東京低地（写真左端）と東西の谷で大きく分断され、斜面林で縁どられていることが多い。

浅の干潟が各地で発達したのである。縄文時代後半、下総台地に貝塚が盛んにつくられたのは、こうした古環境の出現を背景としていたのである（図12）。

海と貝塚の位置関係

多くの人が、貝塚のすぐ下は海だと思っているようだ。どうも貝塚＝漁村＝目の前は海、という連想に由来するらしい。海岸線は時代によってかなり変動するので、貝塚と海の関係を想定するのはなかなかむずかしい。しかし松島義章による、姥山貝塚よりも東寄りの千葉市と市原市の境となる村田川流域で、貝塚と海岸線の関係を推定した研究成果がある（図13）。

それによると、貝塚と海岸線までの距離は、直線距離ではあるが、縄文中期の一二貝塚（加曽利E期）のうち、一キロ未満は三貝塚（二五パーセント）しかなく、二〜三キロがもっとも多く六貝塚（五〇パーセント）で、全体でも六キロまでであった。一方、縄文後期の一八貝塚（堀之内・加曽利B期）の場合は、一キロ未満は四貝塚（二二パーセント）しかなく、三〜四キロがもっとも多く八貝塚（四四パーセント）があり、最高で一一キロまで離れた場所に貝塚が形成されたという結果であった。つまり、貝塚の多くは、当時海から数キロ離れている、というのが実際の姿なのである。

なぜ、貝や魚がたくさん獲れる海のすぐ近くに、縄文人たちは住まないのかと疑問をもつ人がいるかもしれない。それは貝塚を残した人びとも、生命のエネルギーを貯える主食は、貝や魚ではなく、森や林で採れる木の実や根菜類であったからである。

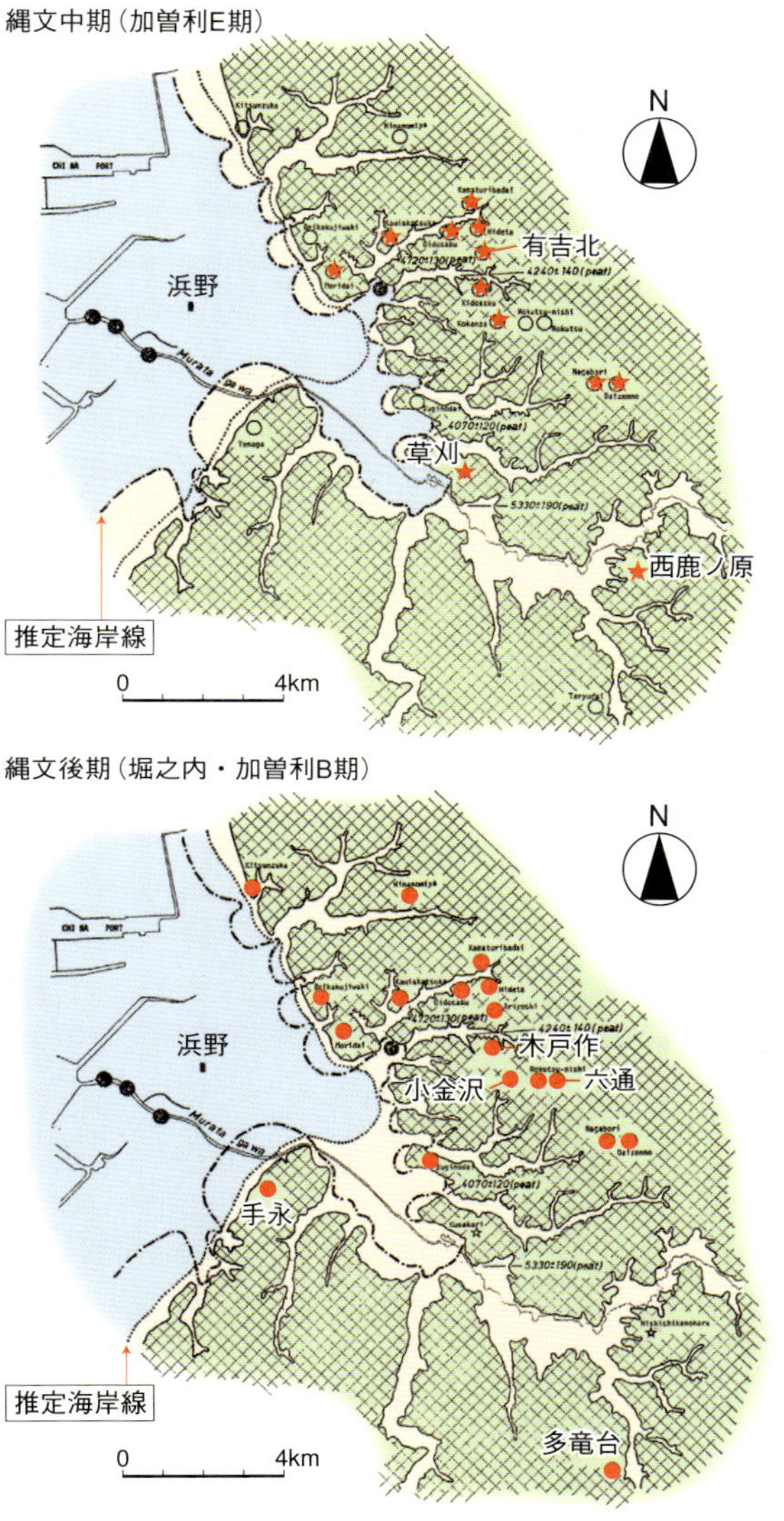

距離	1	2	3	4	5	6	7	8	9	10	11km	
中　期	3	0	6	0	2	1	0	0	0	0	0	計12貝塚
後　期	4	1	1	8	1	1	1	0	0	0	1	計18貝塚

図13 ● 村田川流域の貝塚と推定海岸線
上：縄文中期、下：縄文後期

姥山の海

さて姥山貝塚も、村田川流域の貝塚と同じく中・後期の貝塚であるが、当時の海岸線の復元を、村田川流域のように想定するまでにはいたっていない。だが、姥山貝塚の麓下を西に一キロ行くと、完全に本谷の大柏谷《おおかしわだに》に入り（図12参照）、さらに数百メートル行ったところに、千葉県が大柏川の洪水を防ぐために造成工事を進めている「大柏川第一調整池」があり（図14）、ここは間違いなく縄文時代は海だったと想定される場所である。

問題は、いつからいつまでそこが海だったのかである。工事の進行により自然貝層の露出とともに遺物も拾ったという情報を得て現地を訪れた。そこで見たものは、干上がった縄文の海底に、縄文人が取り残した貝が散在している風景である。科学的には貝殻を利用した放射性炭素^{14}C年代測定により年代を求めるべきであるが、そこで拾われた遺物は、いずれも中期後葉の加曽利E式土器を利用した土器片土錘《どすい》であった（図15）。土器片土錘は魚網の錘とする説があるが、その説を補強する発見であると同時に、当時、ここが海で

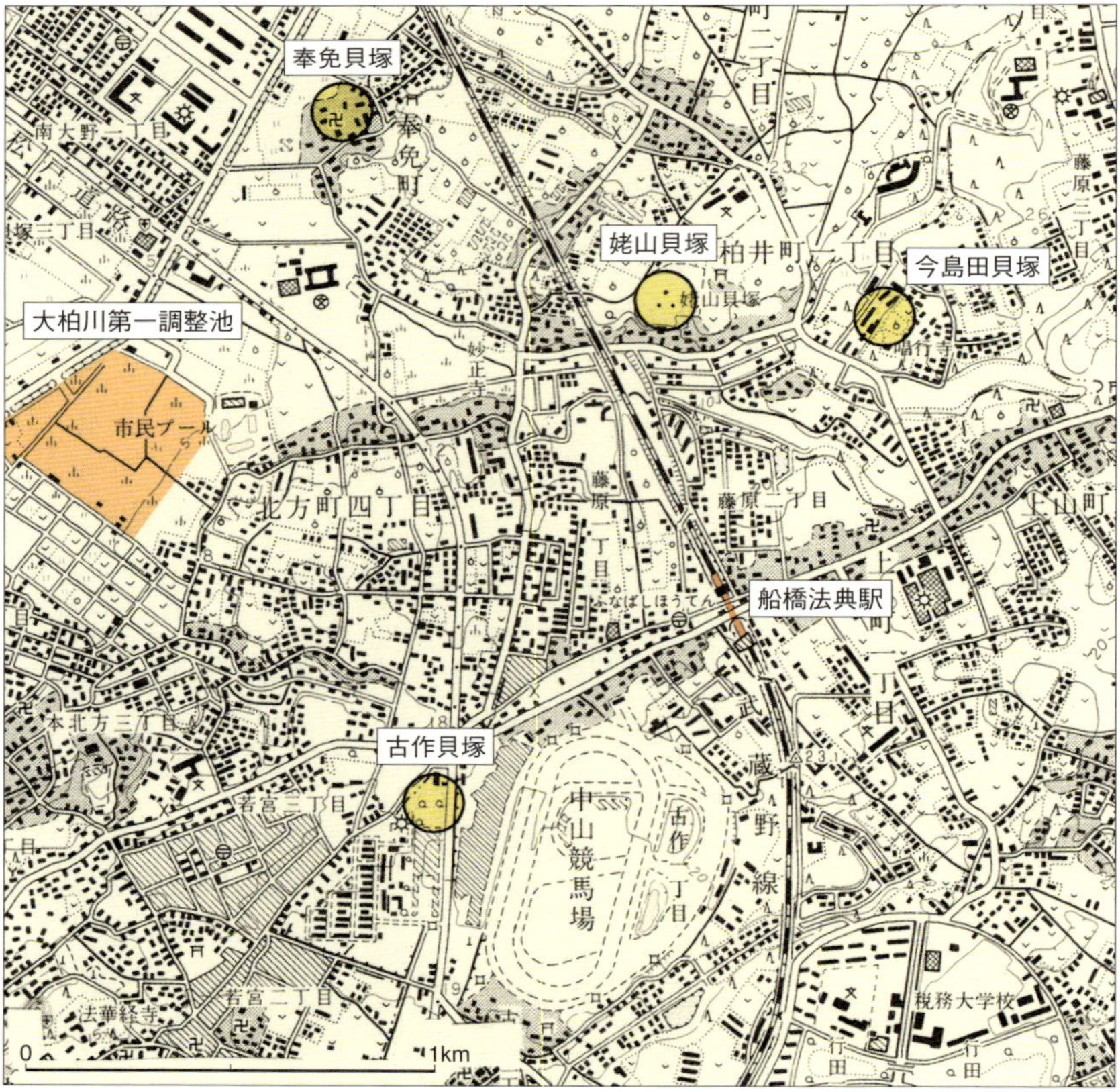

図 14 ● 姥山貝塚と大柏川第一調整池の位置（「船橋」2万5千分の1　1999）

あったことを証明している。

縄文の海底の露出部分は、掘削により階段状に平坦部と斜面部となり、それが広大な敷地のなかで分断されているため、地層の観察は容易ではないが、下の貝層はハマグリ・サルボウ・カガミガイ・ハイガイ・マガキなどからなる内湾砂底群集から湾奥干潟群集の貝が目立ち、上の貝層はマガキが多かった（図15）。また土器片土錘は下の貝層にともなうことも判明した。

ここからもっとも近い中期貝塚は姥山貝塚であり、姥山の一キロ先には海があったことを証明するものである。先の村田川流域の研究に照らせば、海に面してはいないが、海に接近した貝塚ということになる。おそらく姥山貝塚人は、その集落の南端に立ったとき、西南西の方角に、木の間から古市川湾を望むことができたであろう。

どんな貝が一番獲れたか

姥山貝塚で最初に発掘されたA地点では、二五種の

図15 ● 大柏川第１調整池で発見された土錘と主な貝
左上から横幅 4.8cm の土錘・ハイガイ・イタボガキ。
左下はハマグリ。

貝が記録されていて、カワアイとカタツムリを除く二三種が海の貝であった。そのうち貝種の組成比率が求められているのはB1号住居跡の覆土貝層で、四八ccのサンプルが採集された。その結果は、最多はハマグリの七八・〇五パーセントで、以下はカキ五・三四パーセント、シオフキ四・七九パーセント、アカニシ四・五三パーセント、オキシジミ三・四七パーセントと続き、この上位五傑だけで九六・一八パーセントとなり、残り三・八二パーセントも、いずれも鹹水《かんすい》産の六種であった。ちなみにイボキサゴは〇・六六パーセントであった。

この竪穴住居跡の時期は加曽利EⅠ期であるが、同時期の近隣の場合と比較すると、ハマグリが圧倒的に多く、イボキサゴがきわめて少ないのが印象的である。もとより、貝種の組成比率は貝層ごとに異なるのであるが、同じ支谷の奥にある今島田《いましまだ》貝塚や本谷の奥にある鎌ヶ谷市根郷《ねごう》貝塚でも、イボキサゴはあまり出ないようであり、ハマグリが多くイボキ

図16 ● 卵塔前A遺跡の小竪穴中の貝層
中央部がイボキサゴの純貝層。アサリは下部、ハマグリは上部に集中していた。

サゴが少ないのは、どうやら古市川湾・大柏谷側の中期の特色のようである。

この流域でイボキサゴが七二パーセントと際立って多いのが、卵塔前《らんとうまえ》A遺跡の中期末加曽利EⅣ期の小竪穴の覆土貝層である（図16）。次ぎがアサリの二六パーセントとなっていて、貝種が大幅に異なっているという特色がある。

杉ノ木台遺跡の後期初頭称名寺期の小竪穴の覆土貝層は、アサリ・ハマグリを主としてイボキサゴは少量、加曽利B1―2期の奉免《ほうめ》貝塚でもイボキサゴは少量であったから、卵塔前A遺跡のイボキサゴの増加は一時的なものと想定される。

魚と海棲哺乳類

姥山貝塚B地点の報告では、「魚類ノ骨トシテハまぐろ及たい等アリ」と素っ気ない。その後、C・D地点の魚骨を鑑定し、A・B地点の魚名を集成した直良信夫《なおらのぶお》は、アオザメ・ドチザメの一種・アカエイ・ボラ・スズキ・ヘダイ・クロダイ・マダイ・トラフグ・ヒガンフグ・コチ・マグロを報告している。

また、酒詰仲男《さかづめなかお》は、「大部分筆者採集・同定」として、姥山貝塚の魚類にサメ・エイ・ボラ・マグロ・スズキ・クロダイ・マダイ・フグの八種を、さらに海棲哺《かいせいほ》乳類《にゅうるい》にクジラ・イルカの二種をあげている（『日本縄文石器時代食糧総説』一九六一）。

このなかで、東京湾奥部の姥山貝塚での海洋魚マグロの存在は驚きである。たしかに、奥東京湾や東京湾奥部沿岸のいくつかの貝塚でマグロの骨が発見されているが、いくら当時は魚がいまよりも沿岸に寄りついていたらしいとはいえ、東京湾の奥でマグロが捕獲されていたとは考えられない。おそらく、ぶつ切りにされた魚身が外洋の集落から運ばれてきたのであろう。また、アオザメも運び込みであろう。

　また金子浩昌は、姥山貝塚の魚類の「主体はクロダイ、ヘダイ、スズキ、コチなどであったと思う」と述べている。たしかに、かつての肉眼による魚骨採集では、東京湾奥の中期貝塚としては、金子の指摘するような魚骨が主体となっていた。しかし、水洗選別法の採用により、当地ではウナギ・アジ・イワシなどといった小さな骨の魚も多いことがわかってきたから、姥山貝塚の魚の種類と量についても訂正が必要となろう。

捕獲漁具

　これら水産資源を捕獲する漁具として、骨角器は、江《え》見《み》水蔭《すいいん》の発掘により鹿角《ろっかく》製U字形釣針《つりばり》一点と鹿角製片アグ銛《もり》一点、B地点で鹿角製釣針軸部《じくぶ》一点と上部を欠く鹿角製両アグ銛一点、M地点で鹿角製釣針一点や骨・角製のヤスや鏃《ぞく》、エイの尾《び》棘《きょく》製《せい》刺《し》突《とつ》具《ぐ》などが出土している（図17）。

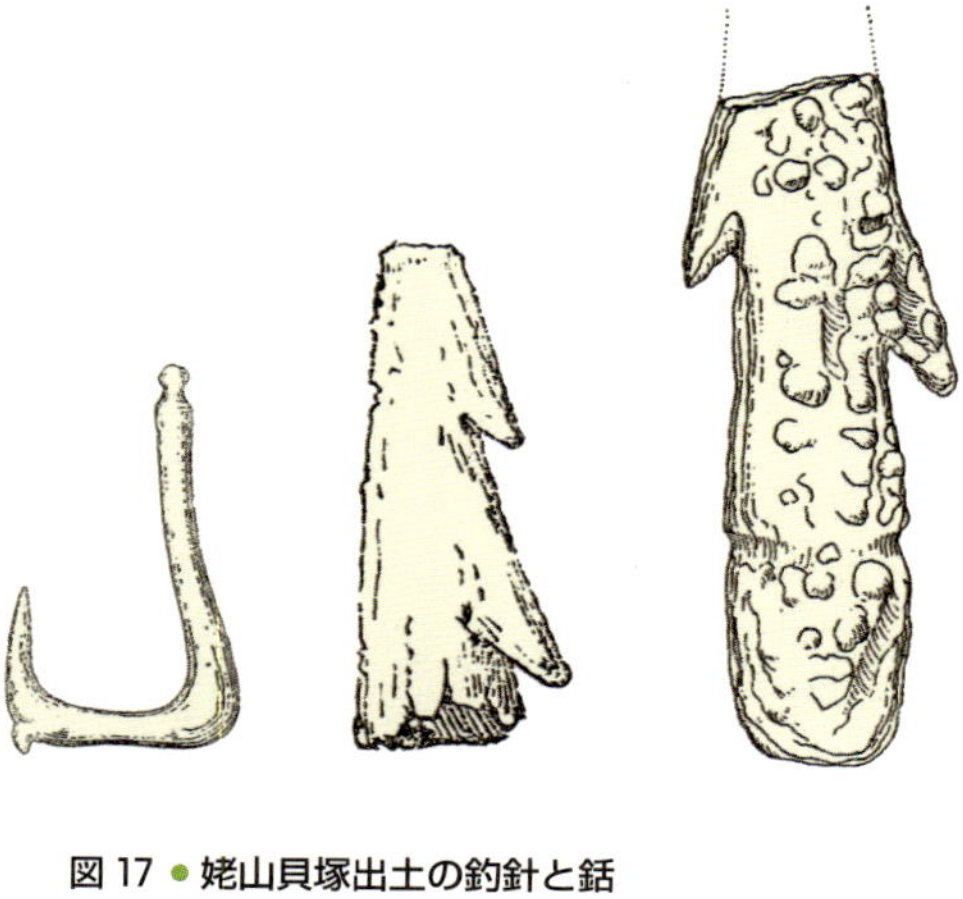

図17 ● 姥山貝塚出土の釣針と銛
左からU字形釣針・片アグ銛・両アグ銛（約1/2）。
左2点は江見氏発見、右はB地点出土。

姥山貝塚での骨角製漁撈具は、少ないながらも、近辺ではこれでも多いといえる。水深のある水域とは異なり、このあたりは遠浅の干潟の卓越する地域であるが、なかには時には沖合まで丸木舟で繰り出し、釣り漁や銛漁をしていた集団もあったのである。一方、骨・角製のヤスや骨・角・石製の鏃の出土は、遠浅の海での刺突漁や弓漁の実行を物語っている。

しかし、姥山貝塚で何といっても多いのは、中期の縄文土器片を加工した土錘である。「大柏川第一調整池」の貝殻と土器片土錘の伴出は、縄文時代の海とそこで使用した漁具という関係を証拠づけるであろう。土器片土錘の用途を一つに限ることはできないが、沿岸部で多出する事例は、魚を獲る網の重りとしての使用を反映していると考えられる。干潟での網漁により、小形の魚を中心に多種の魚が獲られたのである。

第2章　発見から縄文基準の確立へ

1　姥山貝塚の位置と形

下総台地と谷

姥山貝塚は、奥東京湾東岸の南端と東京湾北岸の西端が接続する下総台地の西南端に位置する。東京湾に開口する川の流域に属すから、京葉地区東京湾の西端に形成された貝塚である。

東京湾北岸の下総台地の川は、東京湾に向かって南流しているが、姥山貝塚が営まれた当時、西は国分川《こくぶん》（国分谷）、東は大柏川（大柏谷）という二本の川が、いまよりも内陸側に広がった古市川湾とよぶべき海に注ぎ、川の出口では市川砂州の形成が進んでいたことであろう（図18）。

国分川の流域には、堀之内貝塚・権現原《ごんげんばら》貝塚・子和清水《こわしみず》貝塚・河原塚《かわらづか》貝塚・中峠《なかびょう》貝塚・曽谷《そや》貝塚・向台《むかいだい》貝塚などの貝塚があり、大柏川の流域には、下貝塚《しもかいづか》貝塚・大野新田貝塚・鳴神《なるかみ》山《やま》貝塚・根郷貝塚・中沢貝塚・奉免貝塚・姥山貝塚・今島田貝塚・古作《こさく》貝塚などの貝塚がある。

下総台地の貝塚は、一般に本谷に直接に面することなく、小さな支谷を入った台地上に位置していることが多い。姥山貝塚の場合は、大柏川の河口から、左岸の二番目の支谷を一キロほど入った谷の北側台地上にあり、柏井台の南端縁にある。姥山貝塚は、大柏川流域全体としてみれば下流域に属していることになる。

姥山貝塚の微地形

姥山貝塚のある柏井台は、南北一キロほどの平坦な台地であるが、ほぼ全域が畑として開墾されてい

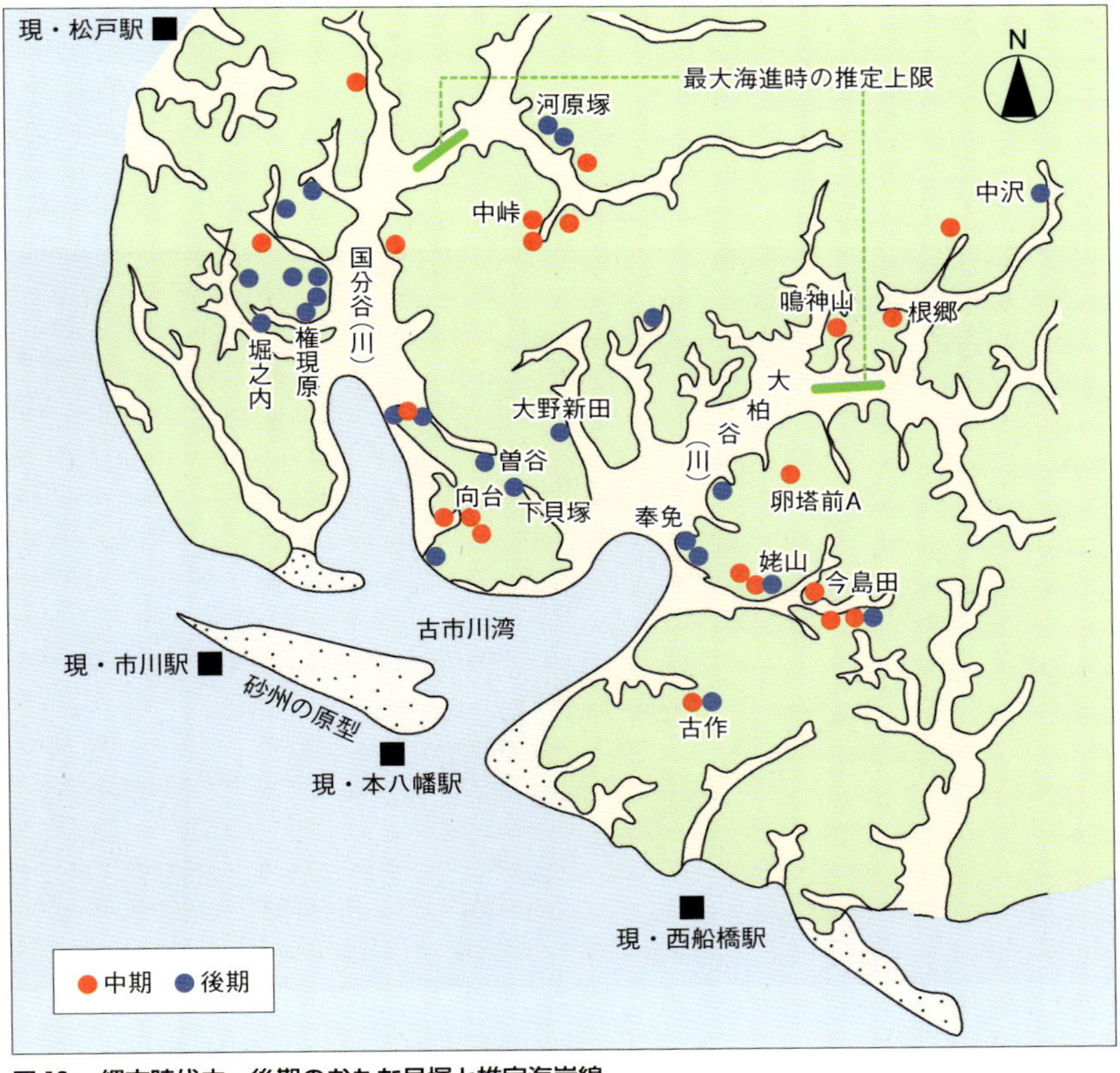

図18 ● 縄文時代中・後期のおもな貝塚と推定海岸線

る。姥山貝塚のある場所のみ、すり鉢状の窪みとそれを囲む馬蹄形《ばていけい》の高まりが残されている。畑の区画を示している地籍図によると（図19）、姥山貝塚のある場所に限って放射状で、しかも区画が小さいのに、他の畑は大きくて方形をしていることは、窪みに合った区画がされていたことを物語っている。

姥山貝塚ではローム層の詳細な調査はされていないが、ローム層の上面が馬蹄形状に高くなり、内側はすり鉢状に窪み、外側は末広がり状に低くなっていることは容易に類推できる。姥山貝塚の窪地は、もともと自然的に窪んでいたことは間違いない（図20）。

この馬蹄形状の高まりこそ、縄文人が生活していた場所である。その上に貝層が発達し、発掘調査はおもにこの馬蹄形状の高まりで実施された。姥山貝塚の場合、住居跡や埋葬人骨が発見されているが、意図的な土の移動による盛土で堤を造成したことを想定させる報告はいっさいない。窪地を囲む自然の

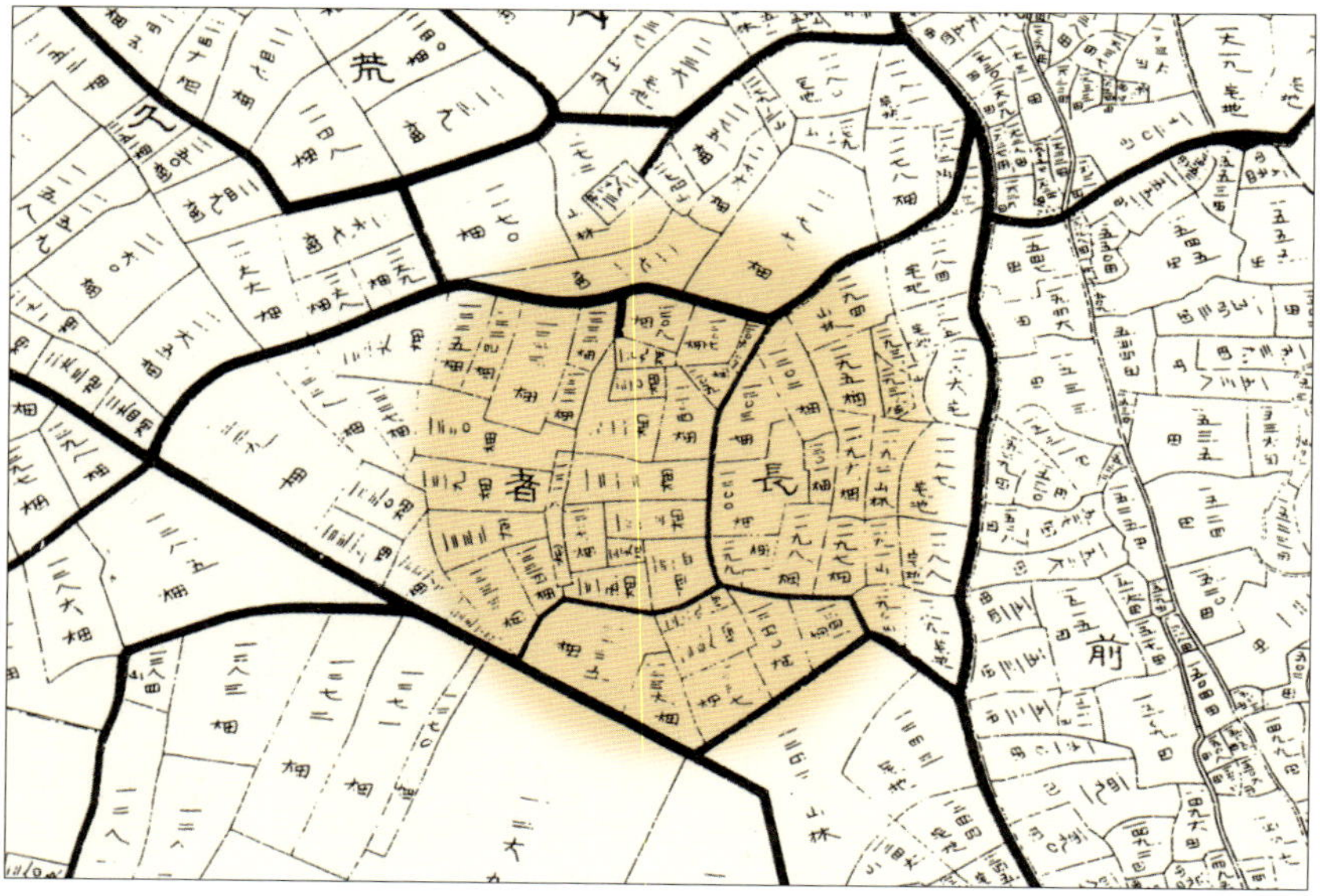

図19 ● 姥山貝塚付近の地籍図
長者の文字のある場所が貝塚。窪地地形に応じた区割りが周辺と異なる（左が北）。

高まりの上で生活を続けることによって生活層が堆積し、とりわけ貝殻を捨てることによって、高まりが一段と増したと復元できるだろう。

二つの貝塚測量図

第１章でもふれたように、姥山貝塚の最初の測量は、参謀本部陸地測量部地形科の手によっておこなわれた。一九二六年（大正一五）のことである。そして二回目の測量が、三六年後の一九六二年（昭和三七）に、明治大学考古学研究室により実施された。

この二つの図（図21・22）を比較すると、陸地測量部の図は中央窪地に、閉鎖している窪地を示す地図記号である等高線上の矢印が付けられ、高まりが環状にまわる地形として描かれているのに対して、明治大学の図は高まりの南側が途切れ、窪地が南の谷に向かって開放している点が大きく異なっている。これに合わせるかのように、貝塚分布図は、前者は環状貝塚、後者は馬蹄形貝塚として描かれ、二つの

図20 ● 1966年の姥山貝塚の史跡指定直前の風景
人の立っている右奥手がやや窪んでいることがわかる。

図は別の貝塚かと思わせるほどである。

いまひとつ異なる部分は、中央窪地の南、崖手前の等高線の走る方向である。陸地測量部の図は、標高に合わせた一メートルの等高線で作成され、微妙な貝塚部分には五〇センチの等高線が入っていて、市販の地形図をさらに細かく拡大した図のようになっている。一方、明治大学の図は、一メートルの等高線で作成されているのは同じだが、標高と関係なく任意の基準で等高線が描かれていて、こちらも微妙な中央窪地には五〇センチの中間線が加えられている。陸地測量部と考古学専攻の学生による作図のちがいではあるが、優劣によるものではなく、まだ発掘や耕作などによる土の移動が少ない分、陸地測量部の図のほうがより元の微地形を伝えていることに起因するものと思われる。

貝塚の大きさと厚さ

陸地測量部の図によると、貝塚の最高部は標高二

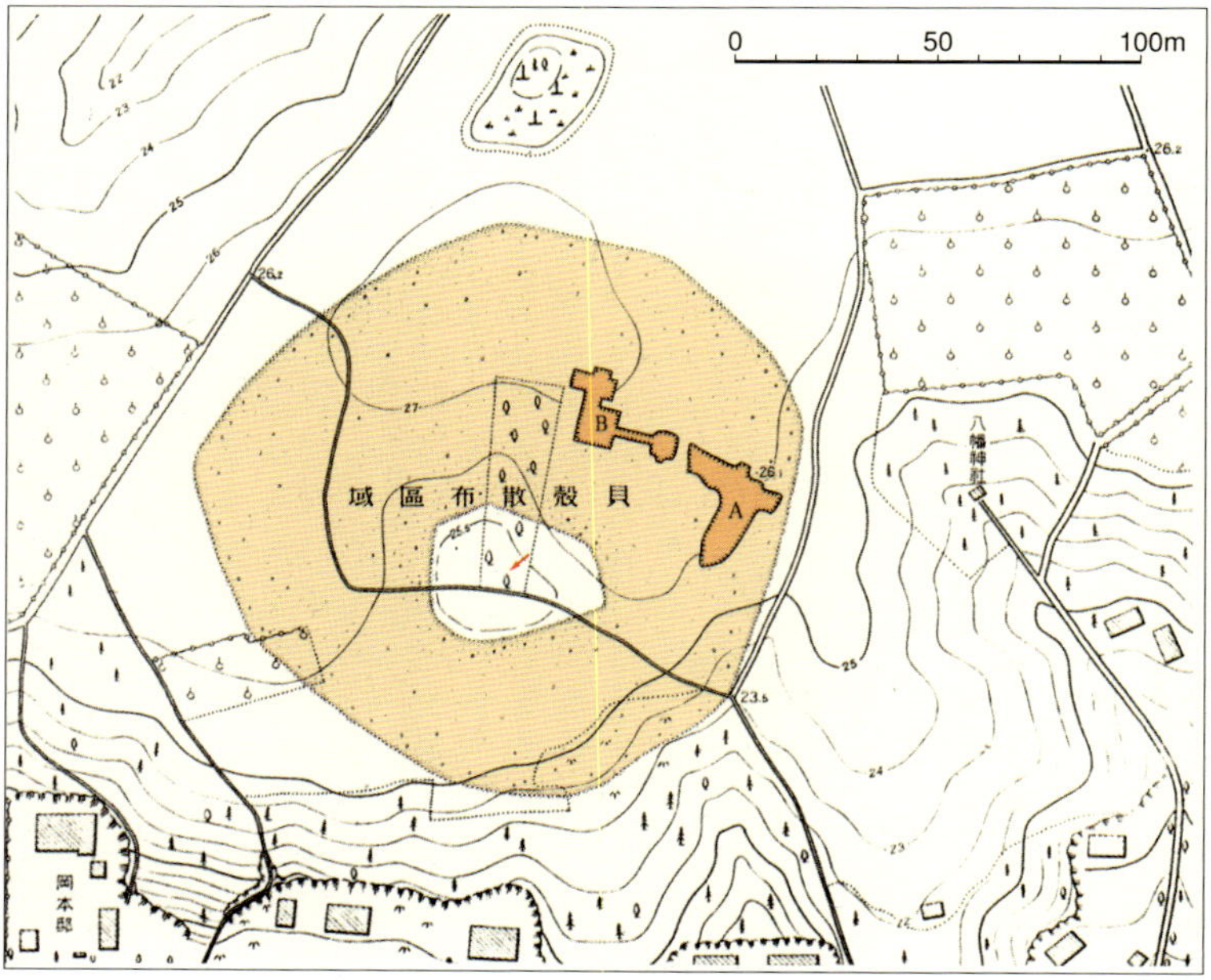

図 21 ● 陸地測量部による地形測量図（1/300）

七メートルを超え、中央窪地の標高は二五・五メートルを下まわり、その最大比高差《ひこうさ》は二メートル近くに達している。また貝殻散布の外径は、東西約一五〇メートル、南北約一四五メートル、内径は、東西約四〇メートル、南北約三〇メートルとなっている。

　これに対して明治大学による図は、貝塚の外径は、東西約一三〇メートル、南北約一二〇メートルと、一まわり小さく作図されている。このちがいは、陸地測量部は地表の貝殻散布をそのまま図化しているのに対して、明治大学は、ボーリング棒による地下探査で貝層の分布を確認して作図していることによるものである。したがって、姥山貝塚の貝層分布としては明治大学のものを採るべきであるが、長い発掘史の最後の発掘時の作図であるから、残念ながらそれまでの発掘で本来の貝層分布はかなり乱れているとみるべきである。

　現在の地図では、貝塚の最高部の標高は約二四メートルとなっていて、陸地測量部の図よりも三メートルほど低くなっている。この間の大幅な地盤沈下は考え

図22 ● 明治大学による地形測量図（1/300）

られないが、標高の基準が異なるのであろうか。

姥山貝塚B地点の記録では、竪穴住居跡の覆土貝層は一〇〇～一六〇センチ、地表部の貝層は二五～八〇センチという。C地点の中期中葉・勝坂《かつさか》V期から加曽利EⅠ期にかけてかと思われる未撹乱の貝層は、厚さ一〇〇センチと記録されている。加曽利北貝塚には遠く及ばないものの、周辺にある同期の貝塚には、これほど貝の量の多い貝塚はみられない。それだけ周辺の遺跡とちがって、大量の貝が姥山に運ばれたということになり、中期後葉の姥山貝塚の特性を示唆している。

2　姥山貝塚の発見

古作貝塚の発見

姥山貝塚の発見を語るには、その周辺の貝塚の発見から話をはじめなければならない。まず姥山貝塚より南に一キロはなれた船橋市（当時は葛飾村）の古作貝塚が、八木奘三郎・若林勝邦・阿部正功の踏査によって発見、報告されている。

これは、第1章でふれた千葉市の長谷部貝塚の発見直後の一八八二～三年（明治一五～一六）ころ、銚子街道（木下《きおろし》街道）の道普請にともなう発見であろう。一八八六年（明治一九）六月二二日、東京地学協会の例会で、坪井正五郎による〝東京近傍貝塚総論〟と題する講演がおこなわれ、「下総葛飾郡ノ小作村ニテ貝ヲ掘リ取リテ道普請地形等ノ用ニ供ス」と報告されている。

ちなみに、古作貝塚の発見は、『日本石器時代人民遺物発見地名表』第一版では八木奘三郎となっている。ここでもまた、貝塚の貝殻や遺物が道普請の餌食となったことが、貝塚発見の動機となっていたのである。小作村は古作村の古称であるが、当時としては古作村が正しい。

柏井貝塚＝姥山貝塚の発見

当時東京帝国大学傭人《ようにん》であった八木奘三郎は、さらに一八九三年（明治二六）一月、山崎直方、佐藤伝蔵とともに、下総地方の貝塚踏査をおこなった。この正月休みを利用した踏査で、聞き込みによって市川市の柏井貝塚（当時は大柏村）、鎌ヶ谷市の中沢貝塚（当時は鎌ヶ谷村）を新たに発見し、発掘を試みたのであった（図23）。

この柏井貝塚こそ姥山貝塚の

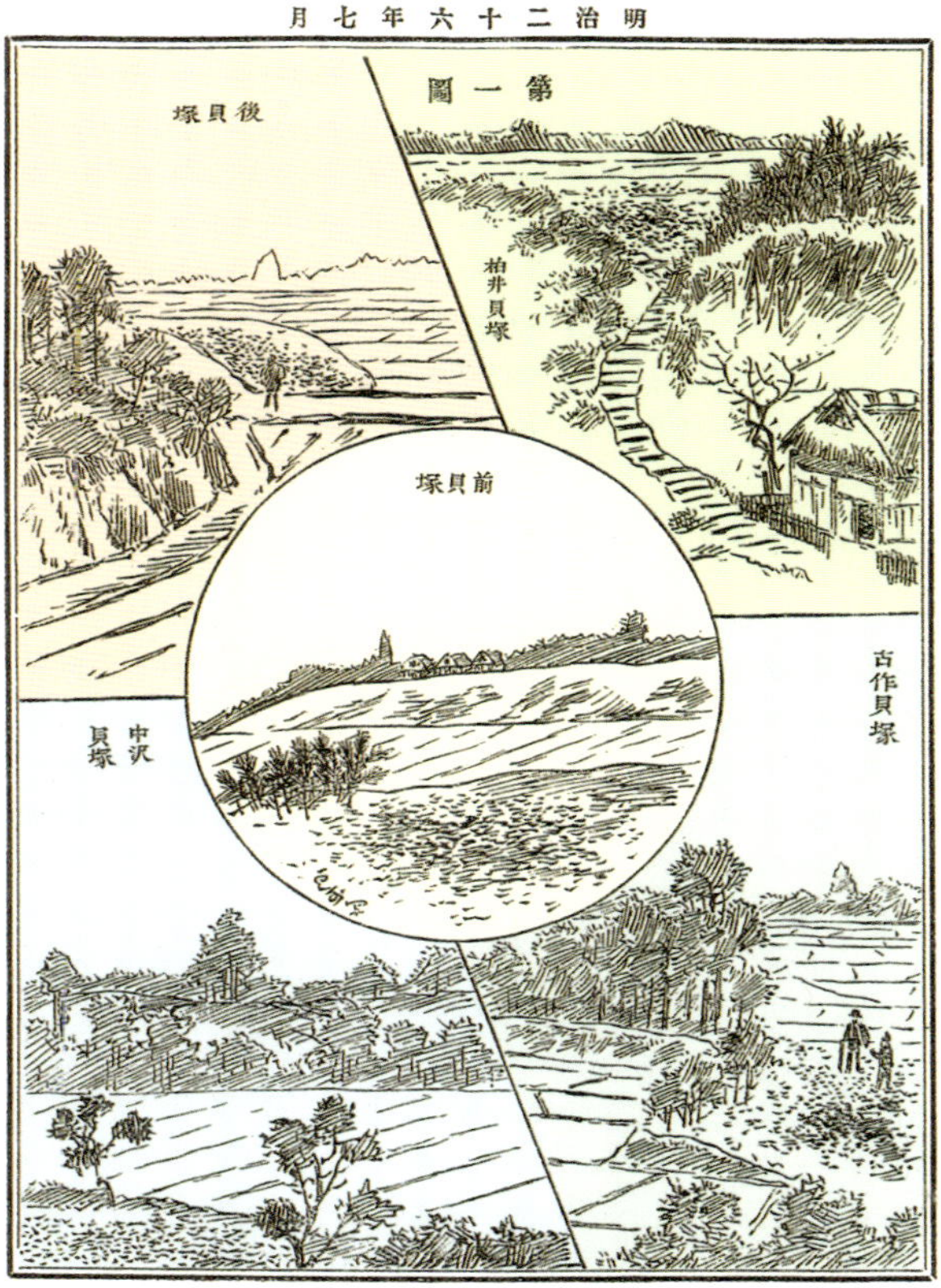

図23 ● **姥山貝塚遠景スケッチ**（1893年）
右上の柏井貝塚が姥山貝塚である。

地点	発掘年	発掘者	住居跡数	小竪穴数	人骨数		特記事項
					α	β	
	1893年(明治26)	八木奘三郎					貝塚発見・発掘、柏井貝塚と紹介
	1904年(明治37)	江見水蔭					釣針と銛の発見、姥山貝塚で報告
	1911年(明治44)	(高橋健自)			1	*1	老年女性頭蓋骨を発見、発掘はしていない
	1926年(大正15)	東京人類学会			1	*1	炉跡・完全な埋葬人骨1体を発見
A	1926年(大正15)	東京帝国大学 人類学教室	14	2	8	*8 *2	完全な竪穴住居跡と住居群を発見、測量・空中写真撮影の実施
B	1926年(大正15)	東京帝国大学 人類学教室	6	3	7	*8	竪穴住居床面で5体の人骨を発見、スウェーデン皇太子の来跡
S	1928～9年	杉原荘介					東京国立博物館寄贈の加曽利EI式土器
L	1930年(昭和5)	大山・リサン			1	1	中期の伸展葬人骨を発見
W	1938年(昭和13)	早稲田大学 附属第一高等学院	4		6	**7	竪穴→層面→平地住居跡の発掘、土器棺の発見
C	1940年(昭和15)	グロート					中期の厚い貝層と多数の土器を発掘
D	1948年(昭和23)	在留外国人団	多数	3	25+	*17	中期の住居跡、後期の貝層・人骨を発掘
E	1949年(昭和24)	東京大学 人類学教室	?	?	12	*15	
F	1950年(昭和25)	東京大学 人類学教室	?	?	約40	*37	埋葬人骨群を発見
M	1962年(昭和37)	明治大学 考古学研究室	8		42	*50	測量と中～後期の埋葬人骨群を発見
合計			32+	8	143+	147	

α=各報告による数

β=*東京大学総合研究博物館の「縄文時代人骨データベース2) 姥山」による個体数

**山内1964による1体追加

図24 ● 姥山貝塚の発掘調査一覧

ことである。姥山貝塚という呼称を最初に使ったのは、明治時代の小説家江見水蔭で、江見は一九〇四年（明治三七）に発掘し、その記録を一九〇九年（明治四二）発行の『地中の秘密』のなかで姥山貝塚として紹介している。ちなみに、姥山とは、大きく四つに分けられる柏井村にある地区名の一つであり、貝塚のある場所の小字は長者《ちょうじゃ》である。

姥山貝塚の発掘調査

この後、姥山貝塚は多くの、しかも重要な発掘の舞台として脚光を浴びることになる。その歴史を簡単にまとめたのが図24である。

このなかで地点名は、A～F地点までは発掘順の連番となっている。それ以外の発掘もあり、それらは発掘者（団体）の頭文字をアルファベットで表示する方法がとられている。これらの地点の場所は図25のとおりである。地点記入

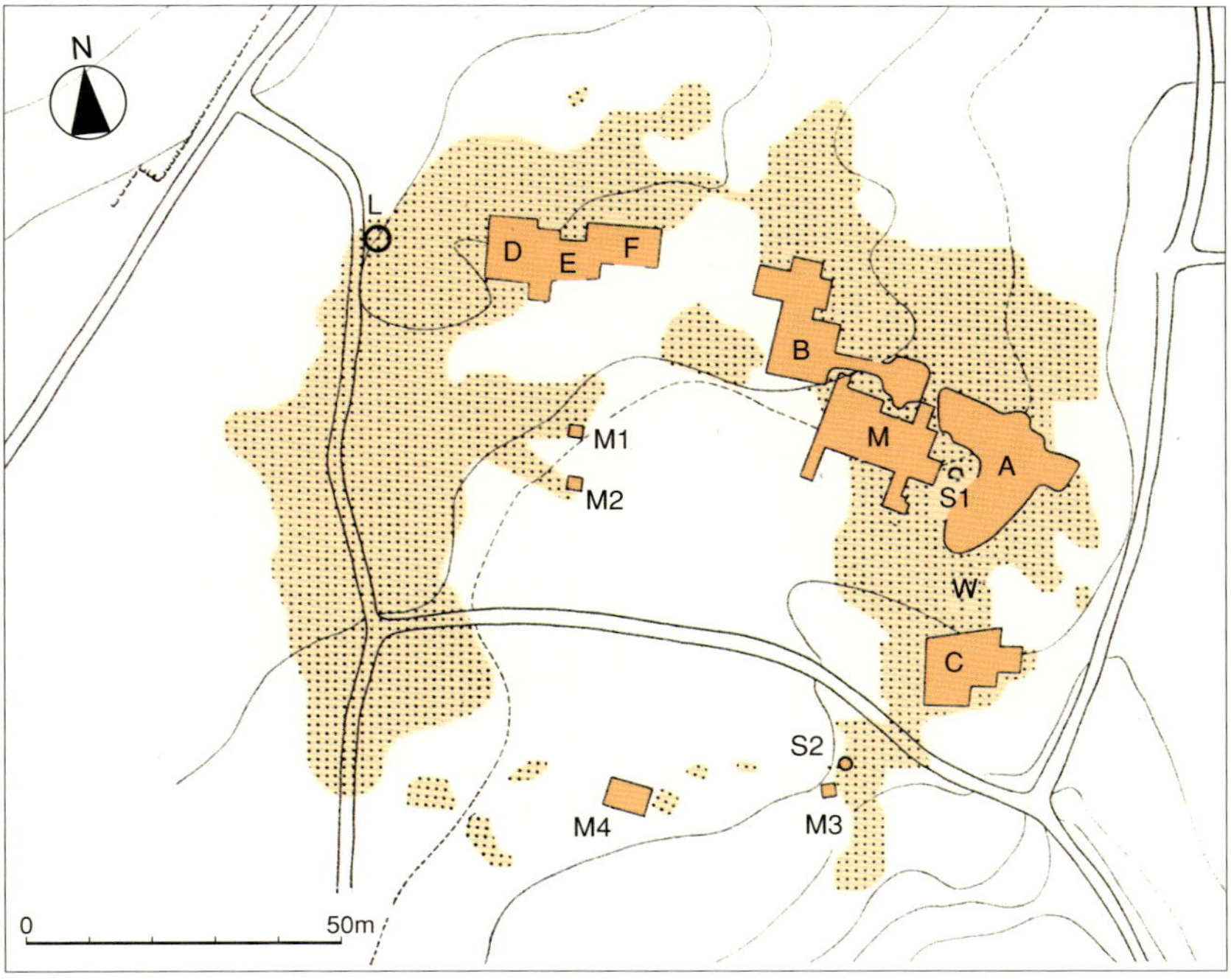

図25 ● 姥山貝塚発掘地点図（記号は図24に対応）

のほとんどが可能なのは、測量図が早々に作成されていたからである。

3　竪穴住居跡の完掘

竪穴住居跡発見のいきさつ

一八八四年（明治一七）一〇月、坪井正五郎ら十数名により、人類学・考古学・民俗学・民族学研究の全国的な研究団体として人類学会（後に東京人類学会、日本人類学会と改名）が創立された。その活動は、当初の月例会の開催、機関誌の発行に、一九〇四年（明治三七）からは遠足会が加わった。遠足会というのは、いっしょに貝塚に行って発掘する行事で、一九四〇年（昭和一五）まで断続的に一四回実施されている。その多くは勝手な掘り散らかしではあるが、功があるとすれば、千葉や埼玉の貝塚を団体で発掘することにより、知識を共有し、さらに深めるのに貢献したことであろう。

この東京人類学会（東京帝国大学人類学教室に事務所を置く）が、一九二六年（大正一五）五月九日、第八回遠足会を姥山貝塚で挙行した。発掘をおこなったのは岡本喜一所有の七〇坪の麦畑で、一四〇名余の参加をみたというから、一人あたりの調査面積は一平方メートルにもならない。

「雲雀の声、コバルトの空のもと」各自思い思いに発掘を開始した。人類学教室員の発掘地点は、貝層も貧弱で、攪乱された形跡もあったというが、三尺（約九〇センチ）余の貝層と、その下に続く約一尺（約三〇センチ）の黒褐色土層を掘り下げたところ、夕方四時近くになって三尺四方くらいを小石で囲んだ炉跡（図26）と、その西北側から大腿骨が発見された。これが完全な屈葬人骨となってあらわれたときには、すでに日が暮れていたという。

　これは不用意な発掘で、「その大半を破壊し、旧形を知るに困難なり」というものであった。長さ一・四×一メートル、深さ一五センチほど掘り込んで、粘土が貼ってあり、底面は赤く焼け、炉の中は灰が充満し、長径一メートルほどの楕円形に石を並べてあるというから、礫囲炉といえよう。

　この竪穴住居跡の発見につながる契機について、宮坂光次が貝層下のローム層の窪みを発見したのが最初の動機をなしたとする記述が別にある。はたして、竪穴住居跡の発見が、「ローム層の窪みを発見した」からなのか、それとも「貝層下の土層を掘り下げて炉跡を発見した」からなのかのちがいがそこにある。

　前者では平面上の地層の識別が、後者では上下の地層の識別がおこなわれていたことになる。まず掘り下げた場所が竪穴住居跡の壁付近ならば前者、中央付近ならば後者ということになるが、炉跡の発見がきっかけとなっていることは明らかであるから、後者が事実なのであろう。

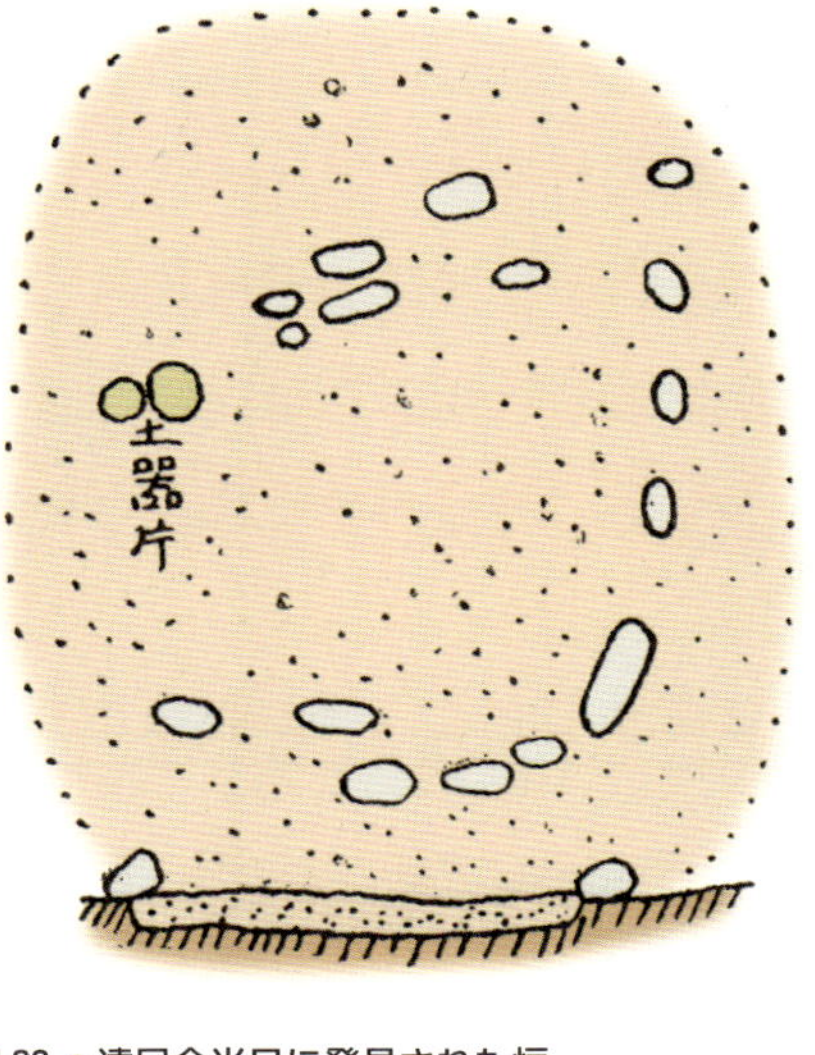

図 26 ● **遠足会当日に発見された炉**
Ａ１号住居跡の炉。

最初の竪穴住居跡の発掘

この人骨と炉跡という重要な発見により、姥山貝塚の大発掘が、今度は東京帝国大学人類学教室の事業として、副手の宮坂光次を担当者として五月一三日よりはじまった。人類学教室は、竪穴住居跡の構造をはっきりさせることと、完全な埋葬人骨を多数得ることを目的としたにちがいない。

同日、柱穴《ちゅうけつ》と思われる穴を発見し、さらにそれが六個の柱穴を有する径六・八×六・〇メートル、深さ四五センチ、壁の下に周溝《しゅうこう》（壁溝《へきこう》）を有する楕円形の竪穴住居跡となり、遠足会発見の炉跡が、その中央に位置することが確かめられたのである（図27）。さらに伊東忠太・塚本靖・関野貞という帝大の建築学の専門家の来跡と指導を仰ぎ、これが竪穴住居跡であるというお墨付きを得、わが国初の完全な姿の第一号竪穴住居跡の発掘に成功したのである。

しかし、発掘は際限なく続くこと、暑さが増してくることから、涼しくなったら再開することにして、六月二八日をもっていったん終了した。この第一期調査では、住居跡七、甕棺《かめかん》（土《ど》器棺《きかん》）二、人類の遺骸《いがい》大人四（学会発掘の一体を除く）、小児二が得られたと報告されている。

この発掘の途中、六月一七日夜のラジオニュースで、姥山貝塚で竪穴住居跡が発見されたことが放送され、また翌日の都内の新聞でも大々的に報道されたため、見学者が日々多くなったことが記録されている。最寄りの総武線下総中山駅から列をなして見学者が訪れたという話も、けっして誇張ではなさそうである。竪穴住居跡の初発見はかくも衝撃的なことであったのか、と感慨を新たにするのである。こうして姥山貝塚の名は全国に広まっていったのである。

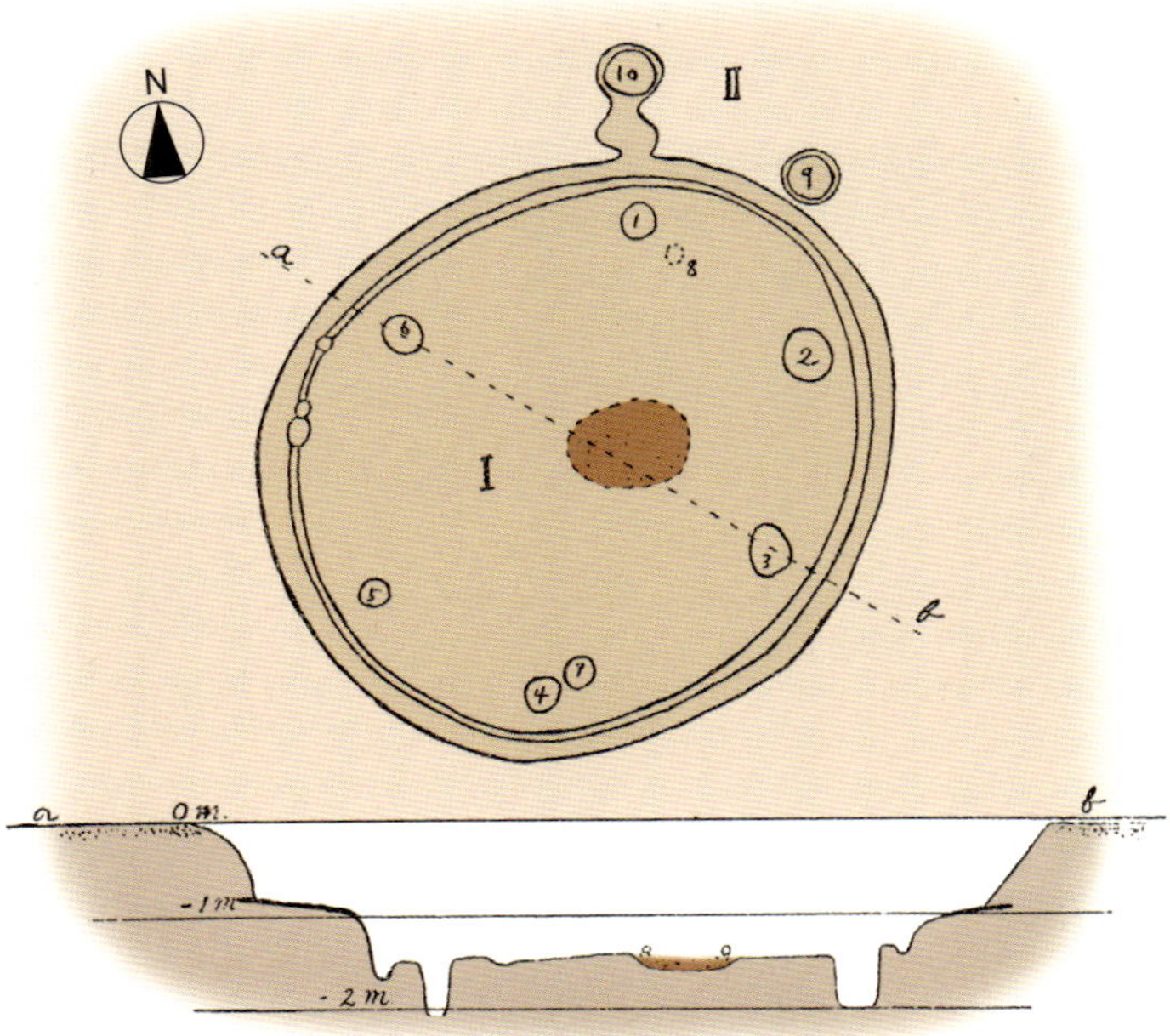

図 27 ● わが国で最初に完掘された竪穴住居跡
南から見たところ。手前がA地点1号住居跡。下の図は平面図と横断面図。

考古学の王子の来跡

ちょうど同じころ、宮内省は、考古学の王子として知られるスウェーデンのグスタフ・アドルフ皇太子夫妻の来日に向けて、その歓待行事の一つとして実施する遺跡見学の候補地と案内役の選定を、東京帝国大学の古在総長に依頼した。古在総長から相談を受けた人類学教室の松村瞭助教授は、一時中断した「遺跡トシテ重要ナル価値ヲ有スル此ノ姥山貝塚ヲ選定シタ」というのも、当然の成り行きであろう。さっそく七月中に発掘地点の選定と方針を決め、残暑の八月二七日に第二期調査に着手したのである。

そこで第一期調査地はA地点とよぶこととし、これを拡張して引き続き竪穴住居跡を発見し、第二期調査で新たに設けた場所はB地点と呼称し、「新ニ多少様式ヲ異ニスル住居址ヲ、貝層下ニ発見シ」た。

九月二七日に終えたA地点では、新たに住居跡七、人類の遺骸三を加え、九月二一日に終えたB地点（図28）では、住居跡その他八、人類の遺骸二が得られたと報告されている。さらにA地点とB地点の関係を調べるため、九月二一日から新たに設けられたA―B地点接続溝では、住居跡一と人類の遺骸五が得られ、一〇月五日に発掘はすべて終了した。

この間、予定どおり九月一五日にはスウェーデンの皇太子夫妻が来跡し、発掘に参加した（図29）。そのときにつぎのようなエピソードが残されている。

皇太子の「断面のまゝ掘り進むか、或は層位的に掘うか《〈ママ〉》」との質問に対し、お供をした公爵大山柏《かしわ》は「この層位は、あまり深い意義はないものと認め、断面もそのまゝ一層と見て、御掘

図28 ● B地点完掘写真
北より見た手前がB1号住居跡。南壁下に
埋甕が見え、奥には平板が写っている。

図29 ● B地点調査中のスウェーデン皇太子
手前から2人目。

りになることになりました」と判断したというのである。分層的《ぶんそう》発掘に意を払う皇太子と、気にとめない大山という対照をそこに見るのである。

4 縄文基準の確立

分層的発掘と土器編年

大正時代の中ごろから、地質学者の東北帝国大学の松本彦七郎が地層累重《るいじゅう》の法則を仙台湾の貝塚の発掘に適用し、考古学者の京都帝国大学の浜田耕作がヨーロッパ留学で学んだ分層的発掘法を大阪府の国府《こう》遺跡などの発掘に適用するなど、科学的な発掘調査の実践が一部ではじまった。

千葉県では、一九二四年（大正一三）三月に、千葉市の加曽利貝塚の発掘が東京帝国大学の小金井良精の企画によりおこなわれ、その際、貝層とともにその下の土層も調査されたのが意識的な分層的発掘の最初であろう。その結果、発掘箇所がB・D・Eの三地点に及んだことが幸いして、地点と層位で土器が異なることが直感され、加曽利E式→堀之内式→加曽利B式という型式序列へと結実していく。

この調査に参加した宮坂光次・八幡一郎が、その二年後に実施された市川市姥山貝塚の発掘を担当することになるから、姥山の調査は、この加曽利の実践の延長上に実施されたものであるということができるのである。

姥山貝塚の報告書は、当初岡書院から出版される予定であったというが、不況のため刊行が延期になり、原稿は二年ほど寝かせたが、そのまま捨て置くわけにはいかないので人類学教室の費用で出版することになったという経緯をたどって、六年後の一九三二年（昭和七）に人類学教室研究報告第五編として刊行された（図30）。その際、原稿と図版を大いに縮小削減したというが、結局A地点は、宮坂の原稿が未提出のため未報告となってしまったため、B地点の報告書という色彩が強くなっている。なおA地点については、『人類学雑誌』四二―一の「発掘調査予報」で知るしかない。

報告書で八幡は、出土土器を四群に分類し、これらが層位的に貝層下の土層から阿《あ》玉台《たまだい》式と勝坂式土器、貝層中から加曽利E式土器、貝層上部から堀之内式と加曽利B式土器が出土することを認めたという主旨の報告をしている（図31）。そして、これを遺構や埋葬人骨の時期、あるいは層形成などと結びつけるという、今日に続く土器の型式編年の方法を確立したのである。

竪穴住居跡の確証

縄文時代の家が竪穴住居であろうことは、古くから推測によって想定され、また工事や発掘でその一部を発見していたのであるが、不確実なものばかりで、姥

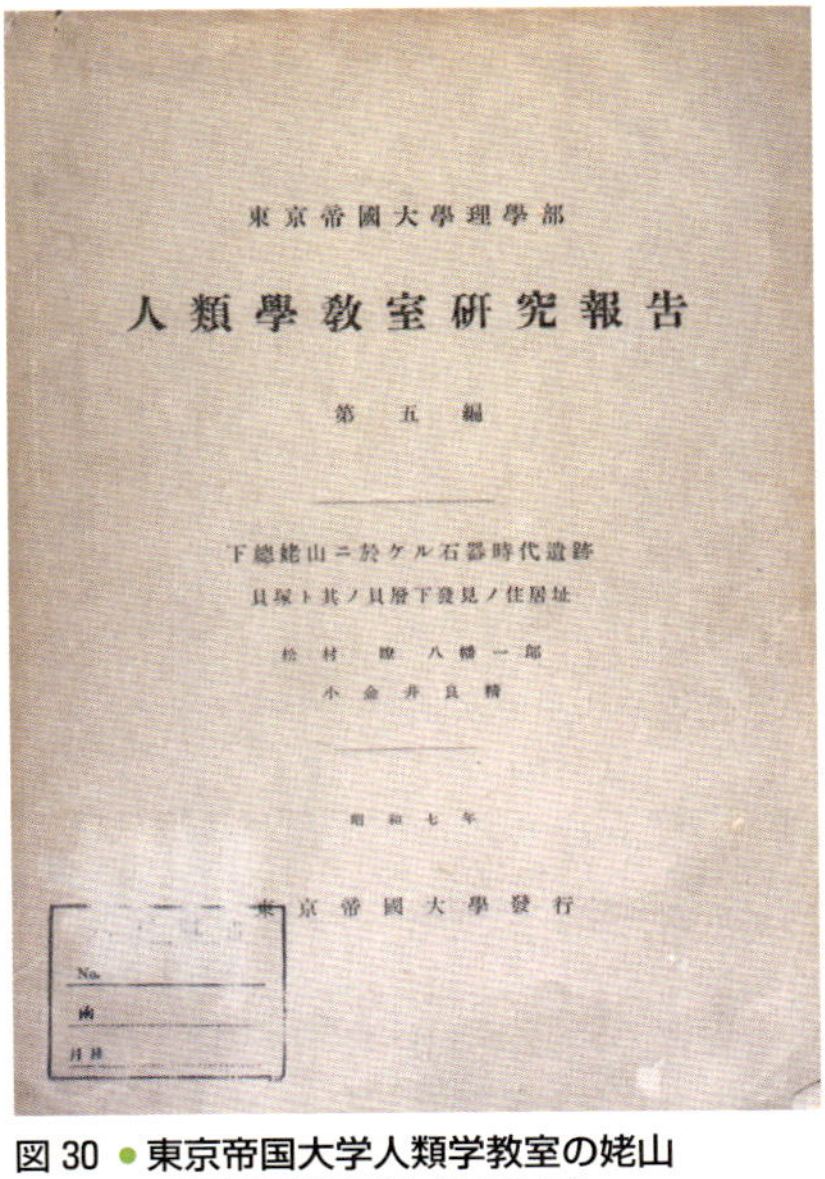
東京帝國大學理學部

人類學教室研究報告

第五編

下總姥山ニ於ケル石器時代遺跡

貝塚ト其ノ貝層下發見ノ住居址

松村瞭　八幡一郎

小金井良精

昭和七年

東京帝國大學發行

図30 ● 東京帝国大学人類学教室の姥山貝塚発掘報告書（1932年）

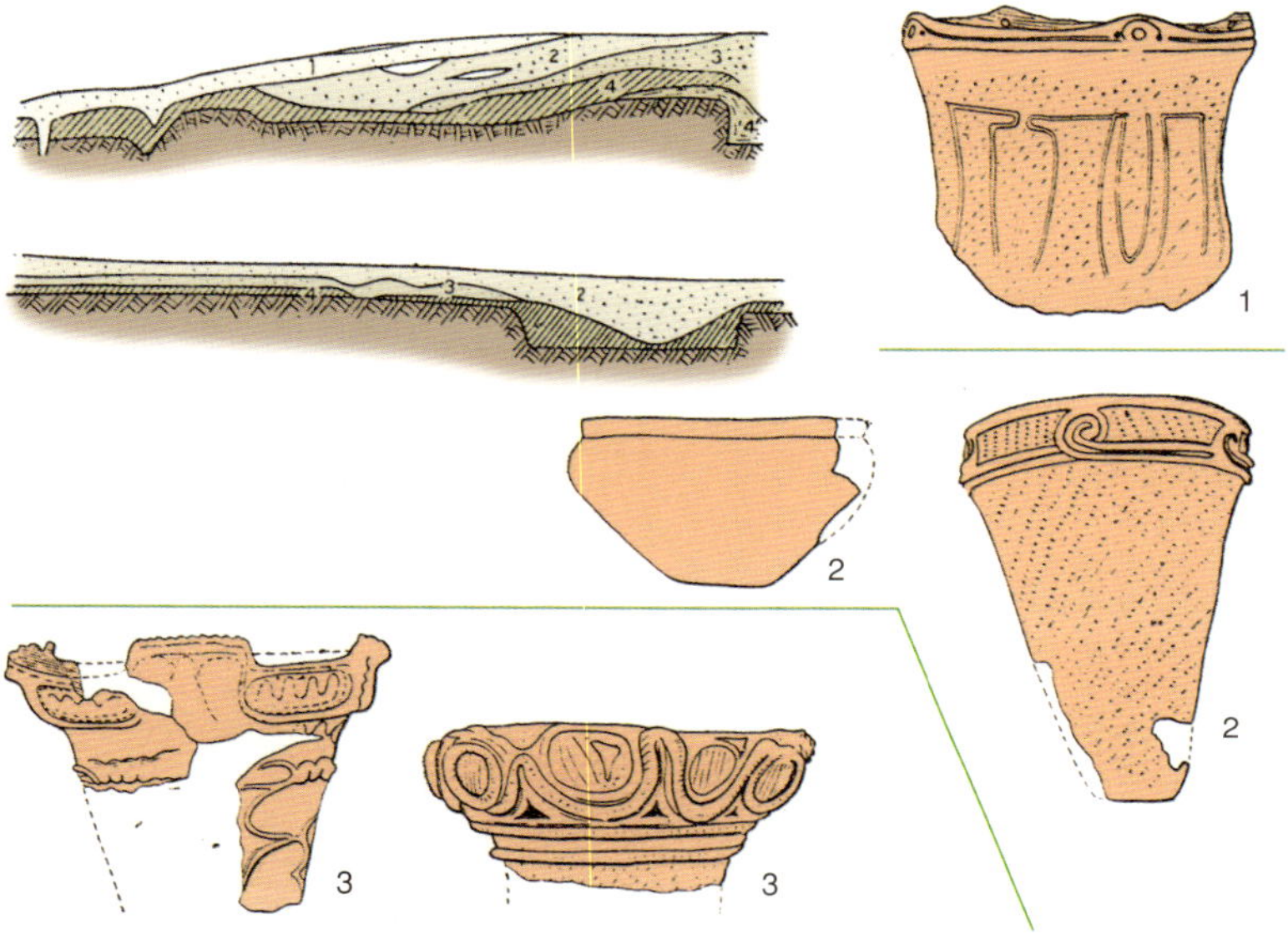

図 31 ● 八幡一郎が示したB地点の地層と土器の関係
1：堀之内式　2：加曽利E式　3：阿玉台・勝坂式。

図 32 ● B地点南区西壁の貝層
図 31 の地層図（上）の場所の写真。

１：堀之内式

２：加曽利Ｅ式

３：阿玉台・勝坂式

図 33 ● 図 31 に図示された土器

山以前では確証を得るにはいたらなかった。

この一九二六年の姥山における二〇軒の竪穴住居跡を発見は、

①縄文時代に竪穴住居が存在することを確証した

②炉・柱など竪穴住居の構造を明らかにした

③竪穴住居にはいくつかの類型がある

④竪穴住居が群をなして集落を形成している

という輝かしい成果をもたらしたのである。

この後、各地で竪穴住居跡が発見されていくのは、姥山貝塚の知識と経験の普及の賜物である。正しく、縄文基準の定点となった成果である。③に関しては、竪穴住居跡には円形と方形の二者があり、これに柱の本数のちがいを加味し、その後の竪穴住居の構造研究の布石となっていくのである。

縄文集落と定住の想定

姥山での群をなす竪穴住居跡の発見は、研究者に集落研究という新たな課題を突きつけることになったはずである。しかし、報告書ではそのことには何もふれてはおらず、集落論に発展することもなかった。おそらく「発掘セル面積三〇〇坪、蓋シ従来稀ニ見ル大発掘デアッタガ、四〇〇〇坪ニ余ル大貝塚トシテハ、僅カニ其ノ一角ヲ掠メタル程度ニ過ギナイノデアル」と指摘するように、全掘には程遠く、全部で住居跡が何軒あるのか見当もつかないことと、住居跡個々の細別時期が不明であることなど、検討には大きな障害が横たわっていたからだと思われる。

集落という課題には手をつけられなかったが、森本六爾《ろくじ》が『日本農耕文化の起源』（一九三四年）のなかで、「中期以降に於ける集団住居遺跡の複雑発展化に見られるこの定着的傾向は……」と、当時の情報では姥山貝塚の成果を念頭に置いたとしか考えられない根拠をもって、縄文時代の定着的生活の想定を評価していることが注目される。

この点は、その後も和島誠一により、「山の尖石《とがりいし》でも海の姥山でも、聚落《しゅうらく》の同じ位置と規制が土器の数型式を推移する間踏襲され、日本石器時代の早期以来傾向として持っていた定住性が中期に於いて或る程度強まっている状態を観取することが出来るのである」（「原始聚落の構成」『日本歴史学講座』一九四八年）と評価され、移動しながら生活する縄文人ではなく、定住する縄文人という評価が定着されていくこととなった。縄文時代中期の定住生活の論拠として、姥山貝塚の住居跡群の発見がはたした役割は、じつに大きなものがあったのであり、縄文基準の確立に貢献したのである。

第3章　埋葬から縄文社会をのぞく

1　埋葬の変遷

埋葬人骨の発掘

もともと東京帝国大学人類学教室が貝塚の発掘をおこなったのは、埋葬された人骨群を収集するのが目的だった。前章で述べた、姥山貝塚A・B地点の発掘を実施する二年前、一九二四年（大正一三）には、その目的で千葉市の加曽利貝塚を発掘していた。しかし、この発掘では三体分の人骨しか得られなかった。そのため姥山貝塚遠足会で埋葬人骨が発見されたことは、埋葬人骨群の収集の好機と考えられたはずで、人類学教室が姥山貝塚を継続して調査することになった大きな動機であったにちがいない。

そして、姥山貝塚A地点で九体、B地点で二体、A—B地点接続溝で五体の合計一六体の埋葬人骨が得られ（図34）、所期の目的は達せられた。

さらに、戦後のD・E・F地点の発掘に人類学教室が協力し、また主催したのも、埋葬人骨の収集が最大の目的であったと思われる。ただし発掘のやり方が戦前とはちがっていた。A・B地点では全身の骨を掘り出しているのに対して、多数の埋葬人骨を発見したE・F地点では、頭と四肢《しし》の方向を確認した段階で土ごと人骨を掘り上げた。この一見退化と思われるやり方を選択した理由は、おそらく人骨の破損や採集ミスを防ぐためではないかと思われる。というのも、骨端を不用意に破損すれば、肝心の計測ができなくなり、せっかくの苦労も水の泡となってしまうからである。

しかし、これでは埋葬状態の確認や実測図の作成は不可能であり、装身具の装着状態や副葬品の伴出状態もわからなく

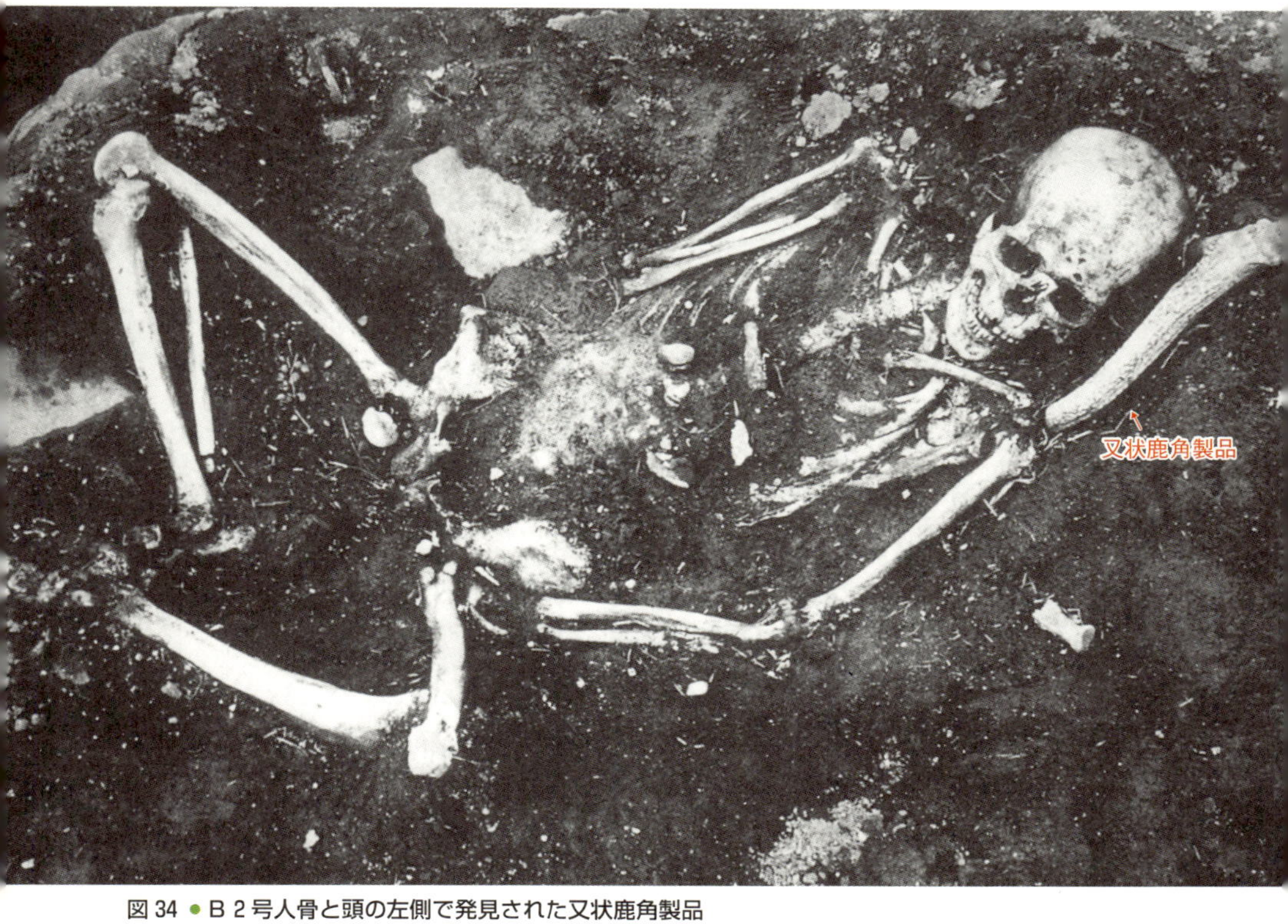

図34●B2号人骨と頭の左側で発見された又状鹿角製品

なってしまうから、この人骨の土ごと採取は、あまりにも一面的な方法であった。また、全身の骨を掘り出したA・B地点でも、人骨の実測図はとられていなかったものと思われ、B地点の全測図中に略図として見るのが唯一である。

その後、一九六二年に明治大学考古学研究室が実施したM地点（A—B地点接続溝の南側に接する地区、図25参照）の発掘では、現場段階で四二体の人骨が発見され、全身骨を掘り出す方法がとられた。これによって人骨個々の写真や実測図はもとより、人骨群全体の写真や分布図も記録することが可能となったのである。

また、このときの人骨の実測にあたっては、木枠の内部に一〇センチ方眼のメッシュで水糸を張った「とりわく」という実測器具が使用された（図35）。何を目的とするかによって発掘法も変わり、記録も異なるということをあらためて思い知らされるのである。

図35 ● 明治大学考古学研究室による埋葬人骨の発掘・実測風景
「とりわく」を人骨の上にあてて実測している。

なお、これまで姥山貝塚で発見された人骨は、現在、ほとんどが東京大学総合研究博物館に保管されている。それらの人骨の情報は、一九七九年の「日本縄文時代人骨型録」、二〇〇四年の「縄文時代人骨データベース2）姥山」に収録されている。

阿玉台・勝坂期の埋葬

それでは、これまでの発掘で得られた情報をもとに、各時期の埋葬をみていこう。

姥山貝塚では初期にあたる縄文中期中葉の阿玉台・勝坂期の確実な人骨は、A―B地点接続溝の第1号竪穴住居跡（別称、B地点9号住居跡）から発見された五体の人骨である（図41）。時期比定は炉に埋められていた土器（図33の下段右の土器）が勝坂V式土器であることにもとづく。この五体の人骨は、縄文の家族構成や世帯を考察する資料として、学界で大いに議論されることになったものだが、その点については、後であらためて検討しよう。

加曽利E期の埋葬

中期後葉の加曽利E期の人骨は、推定を含め、A地点七体、B地点二体、L地点一体、W地点二体、M地点（図36）五体（図39参照）の合計一七体である。多くの人骨は、加曽利E期前半に属すと思われる。

この期の埋葬の最大の特色は、大多数が竪穴住居跡の覆土層《ふくどそう》中から発見されたことである。埋葬するにあたり、竪穴住居跡との結びつきにこだわりをもっていたと考えられる。一方、小竪穴や更地《さらち》への埋葬も少しだがみられる。

頭に土器を被せる甕被葬《かめかぶりそう》がM地点で一体発見されているが、体幹《たいかん》はなかった（図37）。もともとなかったのか、消失してしまったのかは不明である。数は多くはないが、甕被葬は各地でみられる普遍性のある埋葬方法である。

また、A1号人骨は黒褐色の「土に蔽はれて小円墳状を呈し」、A4号人骨も「上に黒色土を以て高さ約八〇糎《センチ》程の土饅頭《どまんじゅう》を築きたるものゝ如く、更にこれを赤土にて薄く蔽」っていたと記載がある。

埋葬姿勢は、仰臥屈葬《ぎょうがくっそう》四体、側臥屈葬《そくがくっそう》二体、俯臥屈葬《ふがくっそう》一体、屈

葬？一体、仰臥《ぎょうが》伸展葬《しんてんそう》三体、伸展葬？一体、仰臥一体、不明三体という内訳となっている（図38）。大きく屈葬系八体、伸展葬系四体で、屈葬が多いのが本地域の傾向である。また上体の向きは、仰臥八体、側臥二体、俯臥一体で、仰臥とするのが基本であった。

一カ所にまとまって埋葬されているわけではないが、体軸《たいじく》から頭の向く方向（これを頭位《とうい》という）をみると、東～南方向を向くもの（七体）と西～北方向を向くもの（六体）に二分できる。前者は男性三体、女性二体、不明二体で、後者は男性四体、女性一体、不明一体である。

副葬は、A3号人骨（男性）に

図36 ● M地点の埋葬人骨群

図 37 ● M地点で発掘された甕被葬（41 号人骨、図 39 参照）

図 38 ● M地点・加曽利E期の人骨
左：12 号人骨、仰臥屈葬、右：11 号人骨、仰臥伸展葬。図 39 参照。

瓢《ひさご》形軽石製品一点、B2号人骨（男性、図34）に切断された鹿角製品（図44）と土器各一点の二例をみるが、装身具を着けていた例はない。

堀之内期の埋葬

後期初頭の称名寺期の埋葬例はない。つぎの堀之内期は、確実にはM地点の七体のみだが、W地点四体、D地点一七体もこの時期である可能性が高い。そうであれば合計二八体となる（詳細不明のD地点人骨は、「非対称的な抜歯が数例ある」ことと、「ほとんど仰臥伸展葬で、屈葬は一、二体しかない」ことを根拠にする頼りないものであり、W地点には称名寺式土器は皆無に近いから、後期の土器棺は堀之内期であろうという推定にすぎない）。

M地点の七体は、堀之内1期の三体と、堀之内2期比定の四体に分けられる（図39）。堀之内期の埋葬は小さなまとまりをもつことが多いのが特徴で、堀之内1期の三体のまとまりはいずれも仰臥伸展葬で、成人男女からなる。堀之内2期比定の四体のまとまりのうち、埋葬姿勢のわかるのは側臥伸展葬一体のみで、これをふくむ性別不詳の成人三体と幼児一体からなる。

W地点四体の内訳は、三〇センチほどの間隔をおいて東西に並んで伏せられていた初生児骨の入った土器棺二個と、その間に発見された初生児骨二体分と報告されたものである。山内《やまのうち》清男《すがお》が「一つの甕に二体同じ月齢のもの、多分双生児を入れた例もある（姥山貝塚・後期堀之内式）」と紹介したのは、W地点の発掘に参加した際の、右記の事例にかかわるのであろうが、そうなるともう一体追加となる。

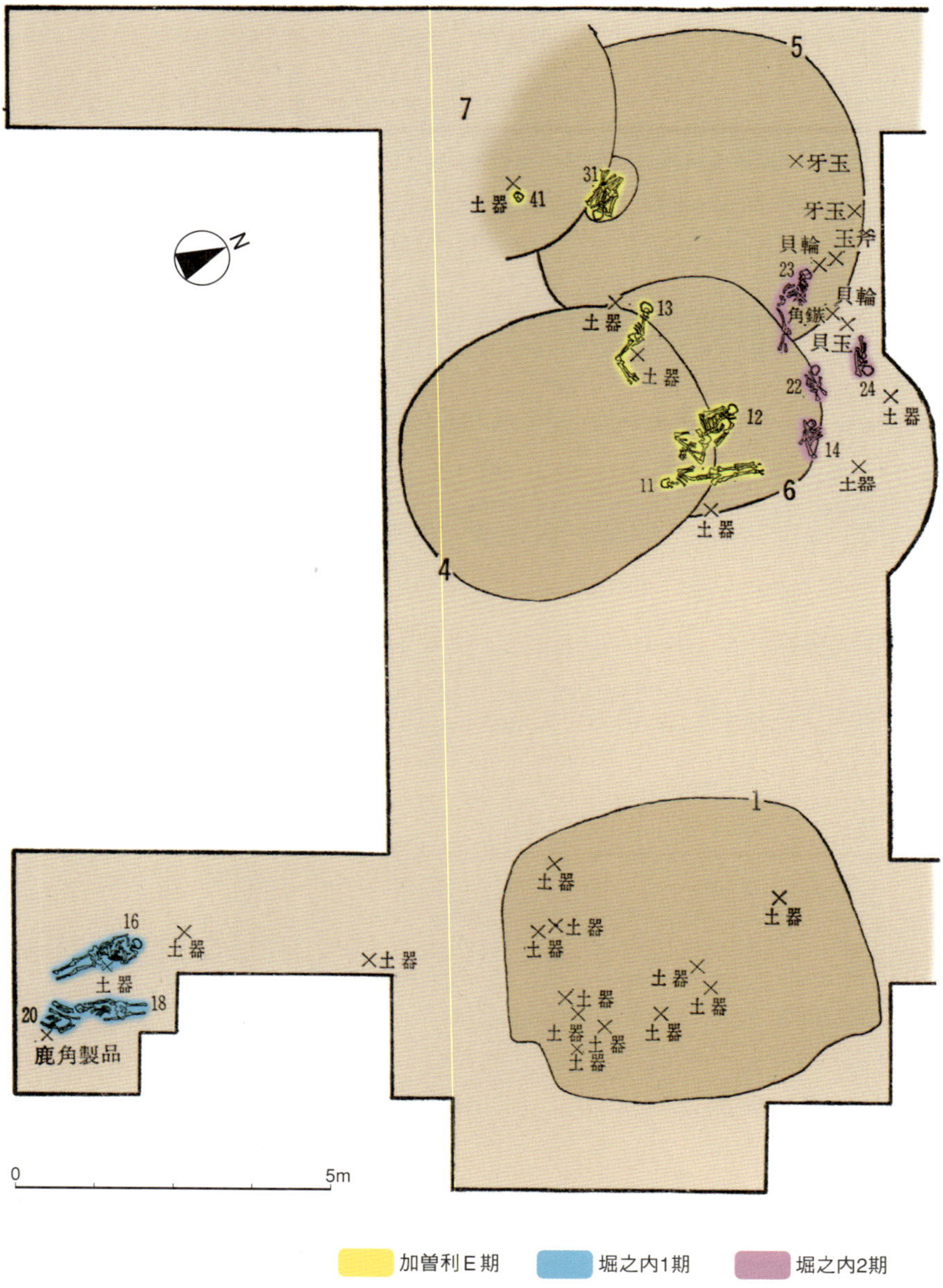

図 39 ● M地点の加曽利E期と堀之内期の埋葬人骨群と遺物の出土状況
各人骨の詳細は図 47 を参照。竪穴住居跡はすべて加曽利E期のもの。

堀之内1期の二体の男性の頭位は北と南南西向き、堀之内2期の頭位は北西〜北北西方向にまとまるようである。埋葬姿勢のほとんどは仰臥伸展葬で、屈葬は一、二体しかないという記載のとおりである。

加曽利B期の埋葬

後期中葉として確実なのはM地点の三〇体である。くわしくは後節で述べるが、一部掘り残しがあると想定されているが全体としてみると、仰臥伸展葬二一体、仰臥屈葬三体、側臥屈葬三体、仰臥一体、不明二体となり、仰臥伸展葬主体の埋葬姿勢は引き続いている（図40）。一見集中した埋葬状態をみせているが、これらは一時に埋葬されたものではなく、時間差をもって継起していることが指摘されている。

先に埋葬された人骨を破壊することなく、三段のレベル差をもって整然と埋葬されたのは、「遺

図40 ● M地点・加曽利B期の人骨
仰臥伸展葬である。左から7・10・9号人骨。図46参照。

体が墓壙を掘って埋められたという形跡は全く認められなかった。おそらく横たえられた遺体の上には、わずかな貝殻や土がかぶせられ、そこに埋葬された印としていくつかの土饅頭がしばらくは残っていたような状態の墓地であったと考えられる」（『市川市史』第一巻）ことで理解できよう。重複は極力回避されていたのであるから、この土饅頭が埋積したころ、つぎの埋葬がおこなわれたという経過を想定する必要があるが、時間的には加曽利B1期の範囲であったのである。

2 「姥山の五人」が語るもの

住居跡に折り重なった五体の人骨

先にふれたように、B地点9号住居跡の床面から五体の人骨が発見された（図41・42）。折り重なった第2〜5号人骨の四体と、独り離れて発見された第1号人骨一体である。

報告では、「個々ノ状態ニ就イテ見ルモ、溝1号人骨ハ仰臥シ、上下肢ノ一部ヲ屈スレド全体ニ於イテ、屈葬トハ認メ難ク、同5号亦同断ニシテ横臥セリ。同第2号・第3号及ビ同第4号ニ至ツテハ、全ク相交リテ個々別々ニ葬リタリトモ思ハレズ」と観察したうえで、「異常ナル状態ニ置カレ」ている状況から、「特殊事情ノ潜在ヲ考慮セシム」とし、「何等カノ事情ノ為、同時ニ横死セリト見做スコトノ合理的ナルヲ覚ユ」と判断している。

その死因については、発見当時から話題となっていたらしく、フグ中毒説など諸説紛々であるが、今もって結論は出ていない。報告では、たとえば地震で家が倒壊し、屋根が墜落して圧死したこともありえるのではないかとしている。しかし、骨にはその死因と結びつく痕跡はなんら残されていないようである。

五体の埋葬姿勢・頭位・重なり

この五体の人骨は、一軒に住まう住人が同時に死亡したものと、今まで長い間思われていた。現在、折り重なった四体と離れた一体は死亡時期が異なり、単独の1号人骨は後日に埋葬されたという佐々木藤雄の意見に落ち着いている観がある。たしかに、1号人骨は仰臥屈葬としていいだろう。

図41 ● Ｂ９号住居跡床面発見の５体の人骨
竪穴住居跡の覆土上部に陥没する貝層が見える。

では、折り重なった四体は、本当に死亡時の姿をとどめているのであろうか。これまた既定の事実と思われていた点であるが、あらためて検討する必要がありそうである。

　四体の人骨の重なりには、4号人骨（子ども）→3号人骨（成人男性）→2号人骨（成人男性）と、4号人骨（子ども）→5号人骨（成人女性）という二系列があり、4号人骨（子ども）が起点となっていることがわかる。

　実際、北頭位仰臥左屈葬の4号の子どもを中心にして、南頭位仰臥右屈葬の3号男性が西側、東頭位左側臥の2号男性が北東側、西頭位俯臥（本来は左側臥と思われる）の5号女性が南東側で発見されているのである。

　つまり、子どもを中心に、三人の大人が、顔を内側に向けて三角形に囲んでいるという、もがき苦しんで絶命したままとしてはいかにも不自然な、人手が加わったとしか思えない姿勢と配置をしているのである。

　さらに脚部を見ると、四体中4・3・2号の三体はV字形に屈しており、いよいよ意図的な

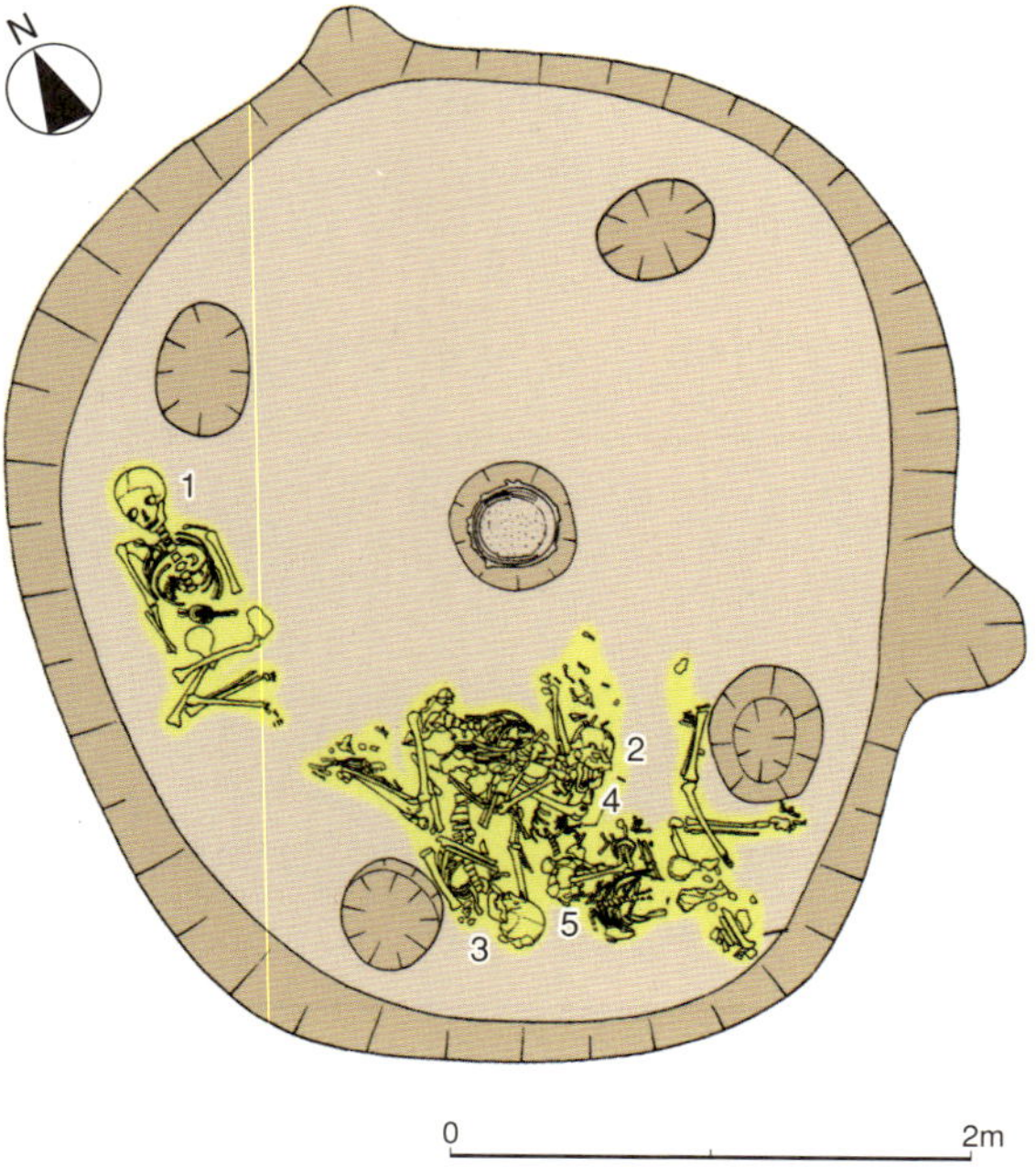

図42 ● B9号住居跡床面発見の5体の人骨図
写真をもとに春成秀爾が作図したもの。

ものを感じるのである。私は、この折り重なった四人も、姿勢と配置を整えて葬られた人びとであったと考えたい。

消えた道具類と来世観・忌避観念

そのことは、Ｂ９号住居跡の床面から「本竪穴ニ附属セリト思ハル丶遺物ノ類ヲ認ムル能ハザリキ」と、炉に埋められていた勝坂Ｖ式土器を除き、何一つ生活用具は発見されなかったことからも考えられる。道具類は完全に撤去されていたのである。遺体の占める面積が住居の四分の一近くを占めるのに、その下から何も生活用具が発見されなかったのは、もがき苦しんで絶命したままではないといえるだろう。もっとも、遺体の下になった道具類も徹底的にとり除いたということも、ありえないことではないが。

この検討が正しければ、最初に葬られた四人が、この家で同時に死亡したとは限らず、他所で死亡してここまで運ばれてきたこともありうる。その際、道具類の片付けをおこなったことの裏にうかがえる、ここ姥山での縄文人の世界観を推測するならば、来世での生活に使用するための道具類の副葬という観念と行為の欠如をあげることができよう。

また、五人のなかにこの家の住人がふくまれているとするならば、生活用具が見つからなかったことは、使える道具類は、引きつづき生きている者によって使用が続けられたことを意味する。死者の使用していた道具類の忌避《きひ》観念の欠如を指摘できようか。これに対しては、運び出して他所で一括廃棄したという反論も予想されるが、そのような一軒の家に由来する生活用具の一括廃棄を示唆する遺物の発見は、当地では確認されていない。

土被せ葬

遺体は住居の床の上に葬られていた。この埋葬法をなんとよんだらいいだろうか。土を掘るという行為はないので、「掘り込み土葬」という埋葬の概念にはあてはまらない。しかし、報告の「其上に褐色なる硬き土を被りし」という記載から、遺体の上には意図的に土が被せられていたことは明白である。どの程度土を被せたかは不明だが、B9号住居跡の写真を見ると（図41）、その末端に貝層の落ち込みが写っていることから、完全に竪穴住居跡を埋め戻して平にしていたのではない。これは床に遺体を整えて土を被せるように盛った、いわば「土被せ《つちかぶ》葬」である。さらに検討すると、柱や屋根はどうしたのか、そのままなのか、それとも撤去したのかという疑問もわくが、これについては解決する手がかりをもたない。

死者の家

また、遺体を配置するまでは「生者の家」だったのだから、この家は廃屋《はいおく》ではなく、したがって廃屋葬というのもあたらない。これまで、この廃屋葬の名称は各人により内容が異なり混乱があった。私は、このように床面に遺体を配置して土を被せるものを「住居床面葬」、床より上の覆土層中で発見されるもの（たとえばB1号住居跡のB1号人骨）を「住居覆土葬」と区別している。

後者こそが廃屋の窪地を意識した廃屋葬というにふさわしく、姥山での加曽利E期の埋葬としてもっとも多いものである。前者の、死者が出たため死者に家を明けわたすという行為は、ごく一部であって一般的ではない。その多くは複数同時死亡という異常な状況で執行されたようにみえる。そして生きている者の家のそばに死者を埋葬していることからも、死者・死霊に対する恐怖感、あるいは死を穢《けが》れとみなす観念は想定することができないのである。むしろ、身近な存在であった死者との共存は、残された人びとに対する祖霊の加護を願うかのようである。

五人の関係と家族構成

つぎに問題となるのは、一つの竪穴住居に残された五人の関係である。これまで小金井良精による性別と成・未成人の区別に、新たに小林和正と小泉清隆による形質人類学の手法による年齢推定がそれぞれ発表されている（図43）。

両者の年齢推定は異なり、戸惑うばかりであるが、一夫一婦制が存在していたと仮定し、かつこの五人が同居していた全員であるという前提で、小林鑑定を依頼した大塚和義は、男性二人が兄弟の二組の夫婦とその子どもと推定している。一方、小泉鑑定を依頼した春成秀爾はまず、

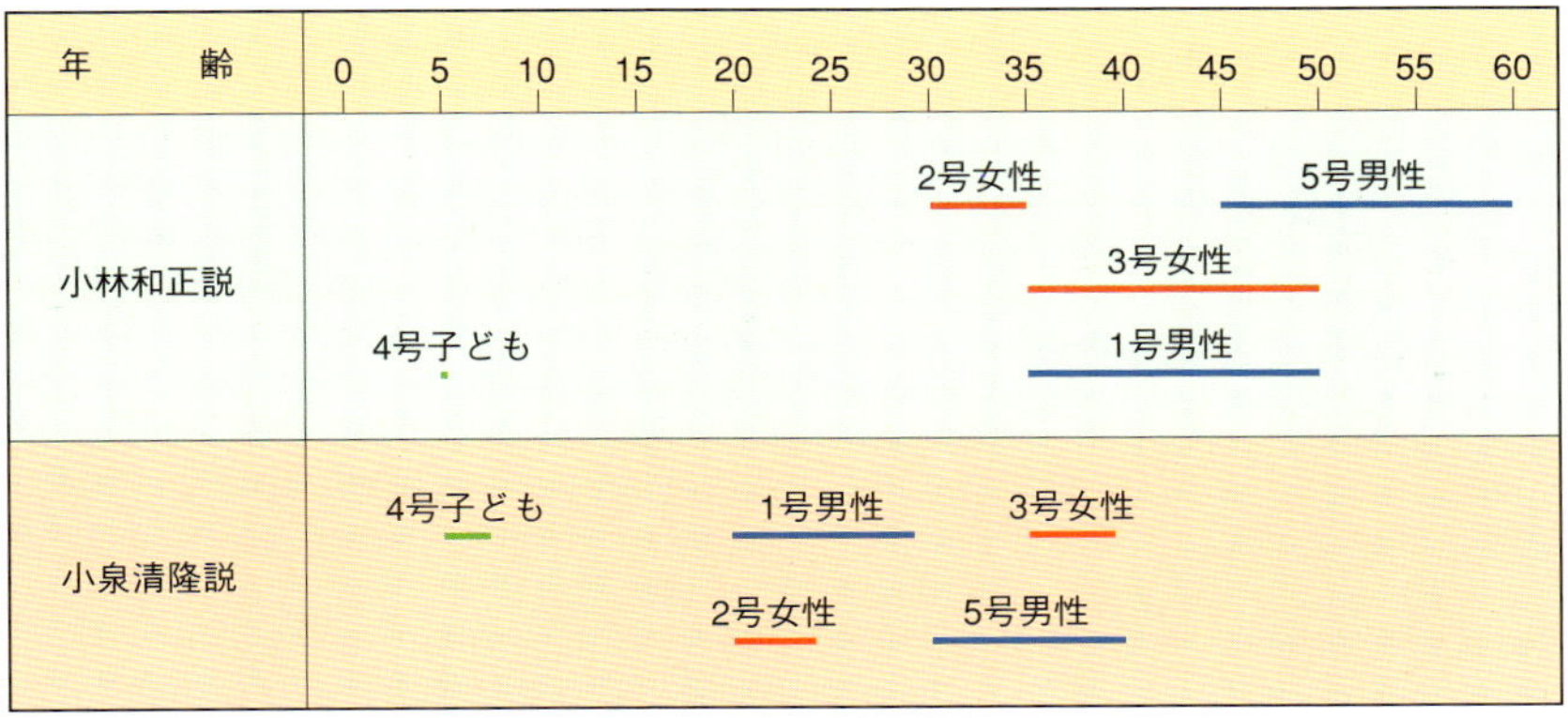

図43 ● B9号住居跡から発見された5体の人骨の推定年齢表

成年男女四人の間には、小泉鑑定では小林鑑定より年齢差があるものの、親子関係はない判定する。そして、1号と5号の二人の成人女性は貝輪を腕にはめていたことから、装身具装着者は身内であると理解し、女性二人は血縁的に濃い関係にあり、この場合は姉妹の可能性があるとする。しかし、二組の夫婦の同居は説明困難な問題であるとして、複婚制がおこなわれていた可能性が否定できないという。

一夫一婦制が存在していたという仮定や五人が同居していた全員であるという前提が崩れれば、これらの検討は無効になるのだが、現状では、これ以上の想定は屋上屋を重ねることになるが、ＤＮＡ鑑定あるいは食性分析の実施による新たな展開を期待したい。

それにつけても、大人四人に対して子どもが一人しかいないというのは、縄文時代は多産で子どもが多かったと想定されていることから、いかにも不自然である。ある程度の年齢に達すると、子どもは親元を離れて別に住んでいたことも視野に入れるべきことを示唆している。

そうであれば、若者の家が別にあった可能性につながり、これまでの一住居一家族という暗黙の前提は見直す必要が生じ、集落論に新たな課題を突きつけることになる。

あるいは、まったく別に、食事による中毒が死因ならば、個別的な食事の慣行と、若者たちは食事を別にしていたということも考慮されるのである。

着装品と婚姻形態

成人女性二人は、左右の違いはあるが、ともに腕にイタボガキ製の貝輪を一点はめていた

（図44）。装身具を装着しているのは、その集団の出身者とみなすという春成秀爾の原則論をこれに適用すると、女性が集団にとどまる妻方居住婚の存在をそこに認めることになる。

当時の装身具の装着がすべて女性なら問題ないが、下総台地の中期遺跡では、又状鹿角製品、あるいは腰飾をともなった埋葬人骨が、そう多くはないものの発見されている。それらはいずれも男性であった。姥山でもB2号人骨の肩部から又状鹿角製品が発見されているが（図34）、他例と同じく男性であったから、夫方居住婚を示唆することになる。

妻方居住婚と夫方居住婚の共存をすなおに認めれば、集団による重心の偏りは想定されるものの、当時は選択居住婚を原則としていたと解釈すべきなのであろう。この点、春成は妻方居住婚をすでに想定しているから、決着は今後の課題といえよう。

このイタボガキ製の貝輪は、京葉地区東京湾の貝塚ではありふれた装身具であるが、なぜか装着した人骨の発見はまれである。希少

図44 ● B地点出土の貝輪と又状鹿角製品
貝輪はイタボガキ製、又状鹿角製品は図34のB2号人骨の副葬品（約1/4）。

性はないので好まれなかったのか、それとも装着に厳しい制限があったのか、大いに気になるところである。

住居の面積と居住人数

五体の人骨が発見されたＢ９号住居は、竪穴の平面の外形は楕円形であるが、居住に有効な床の規模は、長径で三・八メートル、短径で三・二メートルしかない。その中間の径三・五メートルとして面積を計算すると、床面積は約九・六平方メートルとなる。この一〇平方メートルに満たない床に、さらに炉があり、四本の柱が立っているのであるから、有効面積はさらに少なくなって八・五平方メートル前後となり、当時でもとても狭い家ということになる。

建築学の関野克は、埼玉県上福岡市の上福岡貝塚で、一つの住居跡が七回の拡張痕跡を残していたことに注目し（図45）、その一回の拡張が平均三平方メートルであること、それは大人一人が手足を上下左右に広げて寝た際の面積に相当することから、一人の居住に必要な面積は

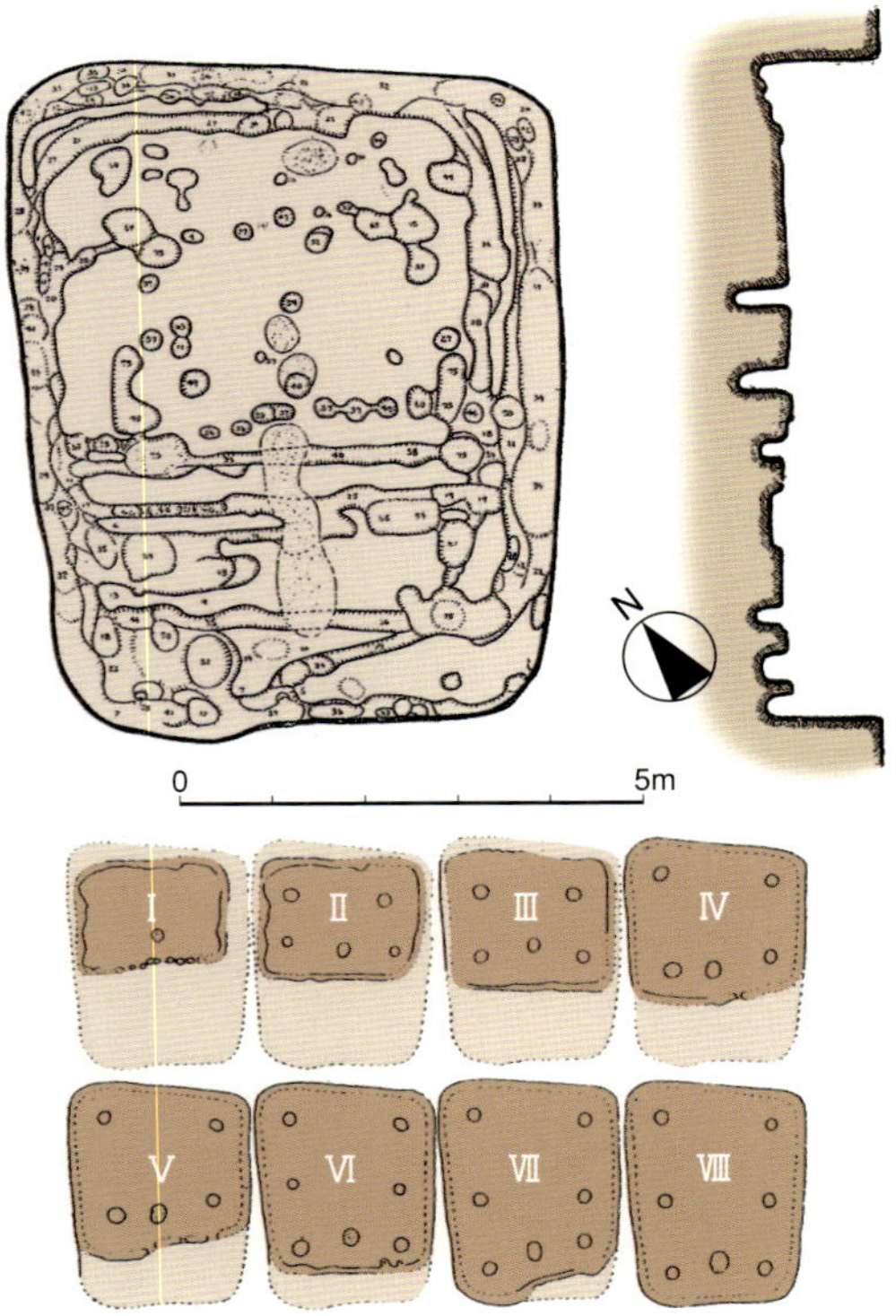

図45 ● 上福岡貝塚の竪穴住居跡と想定経過図
Ⅰ（左上）からⅧ（右下）まで、順次拡張したと考えられている。

三平方メートルであるとした。また炉とその周囲は寝るのに適していないから、これを一人分の三平方メートルとして引いた。かくして、居住人数＝面積÷３－１という計算式、俗にいう関野公式が編み出されたのであった。

この計算式は、姥山貝塚Ｂ９号住居の面積と発見された五体の人骨から割り出されたと紹介する記載があるが、これは誤りである。現にこの式で計算すると、居住人数は9.6÷３－１＝2.2人となり、仮に発見された五人がこの家の住人とした場合、大幅な人員過剰となってしまう。実際、関野自身、「姥山の例は実例とはなし難いのである」とし、「家族全体の遺骸とした仮定が誤っているか又は特殊の例としなければならない」といっている。この姥山の事例が家族の全体を反映しているとみなすこと自体、問題が多いといえよう。また、一人の居住に必要な面積は三平方メートルであるとした計算式も、仮定の一つとして利用する以外にない。

3　埋葬の頭位と社会集団

M地点人骨群

すでにみてきたように、Ｍ地点では、後期の加曽利Ｂ１期のかなり整然と埋葬された人骨群が発見されている（図46）。Ｄ・Ｆ地点の人骨群もその可能性を有するが、詳細は不明である。Ｍ地点で発掘されたのは全部で三〇体であるが、未発掘区にもおよぶものと想定されているから、完全な姿としてあらわれてはいない。

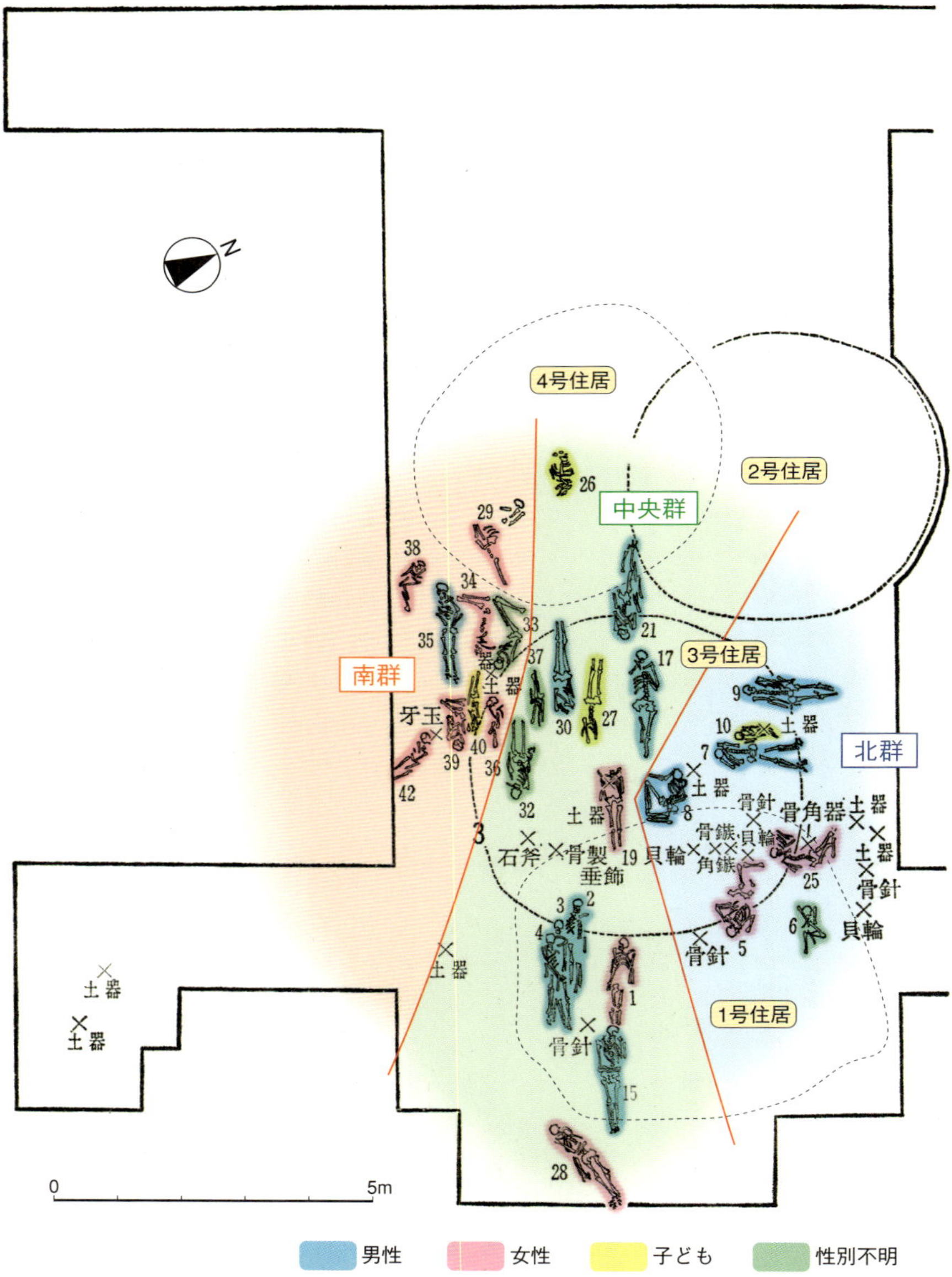

図 46 ● M地点の加曽利B期埋葬人骨群の群別
時期的に南群、北群、中央群に分けることができる。

時期	番号		人骨型録の性と年齢	DB性	頭位	埋葬姿勢	頭骨図／DB	遺構との関係
加曽利EⅠ～	11		男　35-39	男	南南東	仰臥伸展葬	有　○	4号住居跡上
〃	12		男　30-34	男	北北西	仰臥屈葬	有　○	〃
加曽利EⅡ～	13		-　10-14	男	北西	側臥屈葬	有　△	5号住居跡上
〃	31		男　30-34	-	南東	仰臥屈葬	有　△	7号住居跡上
加曽利EⅢ	41a		-	-		甕被葬	有　△	〃
	41b		-	-			△	
堀之内1	16		男　30-34	男	北	仰臥伸展葬	有　○	
	18		男　20-24	男	南南西	仰臥伸展葬	有　○	
	20		女　50-	-		仰臥伸展葬	無　○	
堀之内2～	14		-	-	西北西	側臥伸展葬	有　△	2号住居跡上
	22		-　0-4	-	西北西		有　△	
	23		-	-	北北西		有　△	
	24		-	-	東南東		有　△	
加曽利B1	39	南群	女　45-49	-	東南東	側臥屈葬	有　○	3号住床より下
	40		-　5-9	-		側臥伸展葬？	有　△	
	33		-	-	東南	側臥屈葬	有　○	
	34		-	女	東南	側臥屈葬	有　○	
	29		女　15-19	-	西南西	仰臥伸展葬	無　×	
	35		男　30-34?	男	西北西	仰臥伸展葬	有　○	
	36		女　20-24	-	西北西	仰臥伸展葬？	有　△	
	38		女　25-29	-	北北西		有　△	
	42		女　50-?	-	北北西	仰臥伸展葬？	有　△	
	7	北群	男　40-44	男	南南西	仰臥伸展葬	有　○	3号住床レベル
	8		男　30-34	男	北北西	仰臥屈葬	有　○	
	8’						○	
	9		男　45-49	男	南南西	仰臥伸展葬	有　○	
	10		男　5-9	-	南南西	仰臥伸展葬	有　×	
	5		女　50-?	女	東南？		有　○	
	6		-	-	西北西		有　×	
	25		女　50-	女	南南西	仰臥屈葬	有　○	
	21	中央群	男　25-29	男	東南東	仰臥伸展葬	有　○	3号住床より上
	26		-　5-9	-	東南東	仰臥	無　×	
	27		-　10-14	-	東南東	仰臥伸展葬	無　×	
	30		-	男	東南東	仰臥伸展葬	無　△	
	32		-	-	東南東	仰臥伸展葬	有　○	
	37		-	-	東南東	仰臥伸展葬	無　×	
	28		女　45-49	女	西南西	仰臥伸展葬	有　△	
	1		女　50-	-	西北西	仰臥伸展葬	有　×	
	2		男　50-	男	西北西	仰臥伸展葬	有　△	
	3		男　50-	-	西北西	仰臥伸展葬	有　○	
	4		男　40-44?	-	西北西	仰臥伸展葬	有　△	
	15		男　30-34	-	西北西	仰臥伸展葬	有　△	
	17		男　30-34	男	西北西	仰臥伸展葬	有　○	
	19		女　30-34	女	西北西	仰臥伸展葬	無　△	

図47 ● 姥山貝塚M地点埋葬人骨一覧
ＤＢ：東京大学総合研究博物館「縄文時代人骨データベース２）姥山」、頭骨図／ＤＢ欄：有＝図に頭骨表現あり、無＝同なし、○＝大部残存、△＝一部残存、×＝なし。

これら人骨群は、一時に埋葬されたのではなく、M3号住居の床を基準に、その下、床と同じ、床より上というレベル差があることから、この順に南群→北群→中央群（図47）という時間差を示していると理解されている。

南群の九体は、南の未調査区に広がると想定されているため不完全であるが、埋葬位置に区別はなく、渾然一体となっている。西寄り頭位の29・35・36・38・42号の五体は仰臥伸展葬（推定と不明をふくむ）であるのに、東寄り頭位の33・34・39・40号の四体は側臥屈葬三体・側臥伸展葬？一体と側臥に限られ、頭位と埋葬姿勢において区別が認められる。子どもは一体のみだが東寄り頭位をとるグループに属し、唯一の側臥伸展葬？という異例の扱いを受けている。この東寄り頭位をとるグループの成人三体のうち二体は女性と鑑定されているが、西寄り頭位の五体のうち四体は女性であり、全体として女性に偏りをもつ構成であった。

次段階の北群の七体は、埋葬場所が東西に分かれている。そのうちの西側の四体はすべて男性で、仰臥伸展葬の三体は南南西頭位、仰臥屈葬の一体は北北西頭位と、截然と区別されている。東側の三体は、女性二体と不明の一体からなり、それぞれ頭位を九〇度近く振っていて、埋葬姿勢のわかる一体は仰臥屈葬である。どうやら位置で男女に分け、頭位と埋葬姿勢で内部を区別しているらしい。子どもは一体のみであるが、男性のグループに属している。

最終段階の中央群一四体は、これこそが頭位を反対にとって列状に埋葬されている（図48）。下肢不明の一体を除き、すべて仰臥伸展葬に統一されている。東側の八体のうち七体までもが西北西頭位をとり、性別は男性五体と女性二体であった。残り一体の成人女性は縁辺に位置し、頭位は四五度左に振っていた。一方、西側の六体は、すべて東南東頭位をとっていた。そのうち性別の判定があるのは二体しかないが、ともに男性である。子どもは二体で、この西側のグループに属していた。今度は全体として男性に偏りをもつ構成であったといえる。

出身集団と婚後居住規定

この三段階の変遷は、およそスムースとはいいがたく、流れの方向をとらえにくい。性質を異にしながらも共通するのは頭位による区別であり、埋葬位置は混在から区別へ、埋葬姿勢は異質から同質へと向かうが、性による区別は無→有→無と目まぐるしい。

これは、保守的と予測されている葬制が、じつは一定不変ではなく、短期間で目まぐるしく変化していく性格のものであること

図48 ● M地点・最終段階の中央群の人骨
2・3・4号人骨。図46参照。

を雄弁に物語っている。生きている人びとの集団や社会の事情で、葬制はいくらでも替わりうるということである。

あえて出自により区別があるという前提でメジャーなグループを出身集団とみなすと、南群は西寄り頭位の仰臥伸展葬の男∧女、北群は南南西頭位の男∨女となるが、中央群は東西の優劣をつけがたい。

そこで問題となるのは、出身集団に帰属すべき子どもの位置である。北群は問題ないが、南群の場合、子どもは婚入集団側に入ってしまう。しかし、そのなかにあって、40号のみ側臥伸展葬とみられ、他と異なる姿勢をとっていることに、特殊な事情の存在を想定させるのである。中央群では、子どもは西のグループに属しているが、断片的ながらもこれまでの年齢判定を参考にすると、東は三〇歳以上の中高年層グループ、西は三〇歳未満の青年層グループに区別されていたかもしれず、当然子どもは後者ということになるが、決定できない。問題は乳幼児とティーンエージャーが存在せず、また小児がわずかであることで、彼らは埋葬場所を異にしているのは確実である。ならば各段階に大人のなかに一人混ざっている小児とは何なのか、いよいよ謎である。

以上を婚後居住規定という観点でながめると、かなりの偏りをもつとはいえ、ここ姥山貝塚では埋葬の位置・頭位・姿勢に画然とした男女の区別がみられないことから、夫方や妻方といった一方に限定することなく、嫁入《よめい》りも婿入《むこい》りもあるという選択居住婚であったと想定できるのである。この点、抜歯《ばっし》の検討を加えた研究の深化が今後の課題である。

人骨群間で発見された遺物

この埋葬人骨群で注意されるのが、その間から、注口土器や舟形土器をふくむ小形土器、骨針・骨製垂飾《すいしょく》・牙玉・貝輪などの装身具、石斧・角鏃・骨鏃などの利器が発見されていることである（図49）。

人骨から二メートル以内の遺物出土を意味ある伴出とみなすと、それらは全部で三〇点となり、人骨の体数と奇しくも一致している（図46）。しかし、人骨に装着されて発見された装身具はないようで、人骨に接して発見された遺物ばかりではないから、埋葬に際しての盛装や器物の副葬、さらには厚葬という行為は、ここでは習俗として採用されてはいなかったとみなすことができる。

近接する船橋市の古作貝塚の加曽利B期の埋葬人骨では、その周囲から姥山のような顕著な遺物の共伴は認められないから、多彩な遺物の共伴は姥山に固有な事象といえる。遺物の分布密度は人骨群間で濃く、離れると薄いことは指摘できるが、偶然ならば貝殻と同様の廃棄としてたまたま存在したということになり、必然ならば姥

図49●M地点の人骨群間出土の加曽利B式の小形土器
人骨群の間で出土した土器は小形土器が多い。

山の個性としての葬儀にともなう埋葬習俗であるということになろう。

図示された点数を数えると、骨針・骨製垂飾・牙玉・貝輪などの装身具は全部で一六点しかなく、植物系装身具は不明であるが、仮に埋葬に際して装身具を外したとしたら、全員の日常的装身具着装はなかったということになる。土器・利器・装身具というその多彩な遺物内容は、特定の物と結びついた習俗の存在を想定困難なものにしているが、注口土器や舟形土器をふくむ小形の浅鉢形土器が目立っている点が特異であり、これに関しては葬送儀礼と関連する道具であった可能性が高い。

ここ姥山に限っても、埋葬人骨に他より傑出した盛装や器物の副葬は認められないことは、財というべきものの存在そのものが不在の社会であったことを思わずにはいられない。

図50 ● M地点出土の堀之内2式土器

図 51 ● M地点出土の堀之内 2 式・加曽利Ｂ 2 式土器

図 52 ● M地点の人骨群間出土の加曽利Ｂ 1 式の注口土器

第4章　縄文の生活領域を想定する

1　古市川湾沿岸の生活領域

大領域と小領域

姥山貝塚は、縄文時代中期中葉の阿玉台Ⅰb期から後期末の安行1期まで（図9）の遺跡である。その間、土器がわずかにあるだけの時期もあり、一貫して生活の本拠地が置かれていたとはいえない。だが、この時期は縄文時代の東京湾岸下総台地においてはもっとも遺跡の多い時期であり、集落が近距離で連接しているから、生活領域が長期に固定していたと考えられる。

古市川湾沿岸の当該期の集団領域に関する私の想定では、姥山貝塚は、全体で三群に分かれる大領域区分では東群に、東群をさらに三グループの小領域に分けたうちの中部集団に属していた（図53）。

この区分は、大きな谷と遺跡分布の空隙《くうげき》が緩衝《かんしょう》地帯《ちたい》となって生活領域の原則的独立が意識

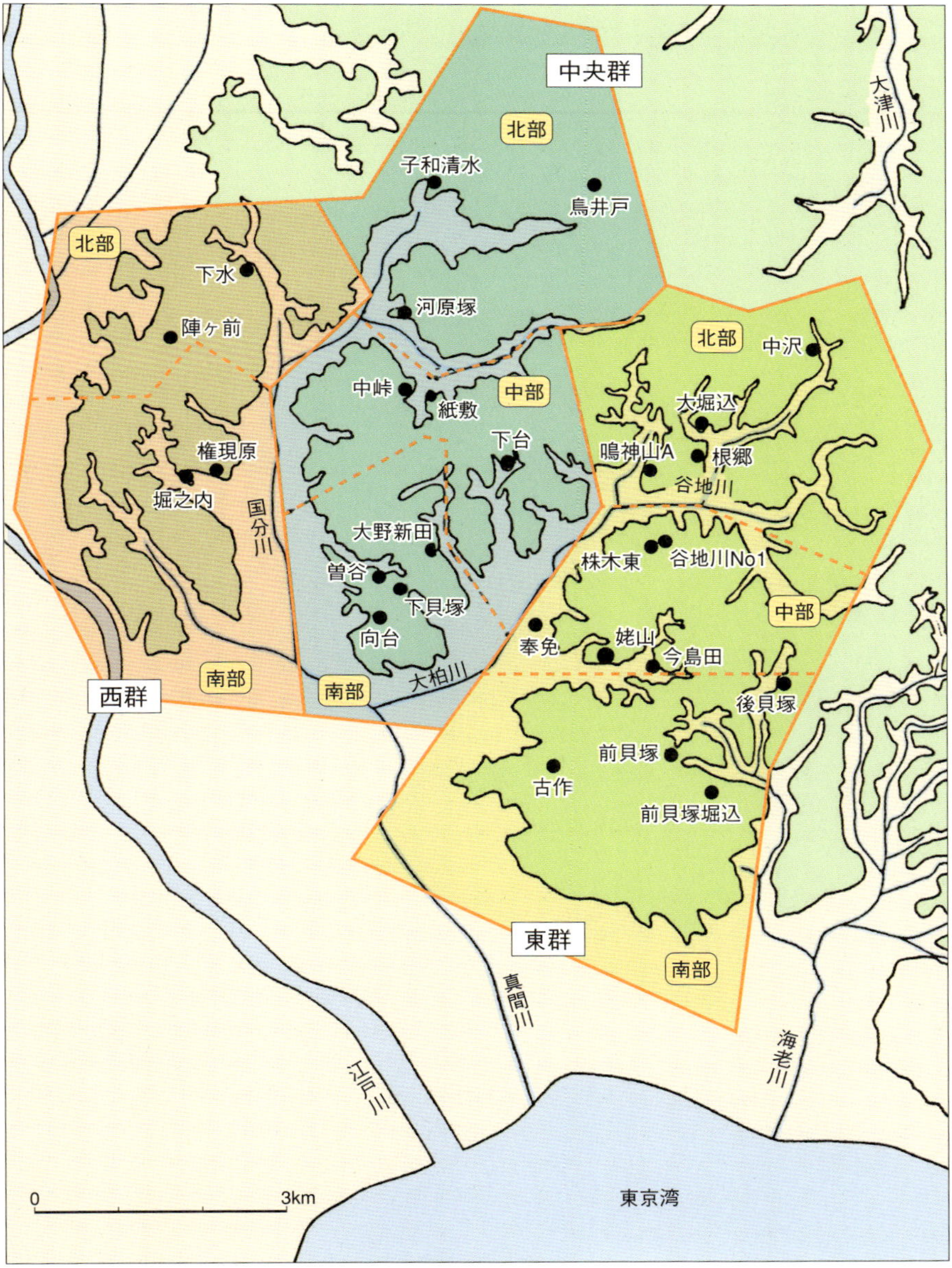

図 53 ● **古市川湾周辺の縄文時代中・後期の集団領域想定図**
大きな谷を境として、西群・中央群・東群の 3 群に分けられ、さらにそれぞれが 3 つのグループに分けられる。

されているという理解と、小領域内各グループはそれぞれの時空で遺跡の継続が完結するという判断にもとづいている。ちなみに北に接する東群北部集団は根郷貝塚・大堀込《おおほりごめ》貝塚・中沢貝塚などからなり、南に接する東群南部集団は前貝塚堀込《まえかいづかほりごめ》貝塚・古作貝塚などからなり、それぞれ居住の継続をたどることは可能であると想定できる。

東群中部集団

この東群中部集団は、地形的には柏井台という地形単位とほぼ一致しており、北は大柏川上流の谷地《やじ》川の谷、西は大柏川本谷、南は姥山貝塚のすぐ南にある向根支谷、東は下総台地の分水界と想定される。

その範囲は、東西約三・五キロ、南北約二キロであり、面積は約七平方キロという狭いものである（図54）。東群全体の領域が、次

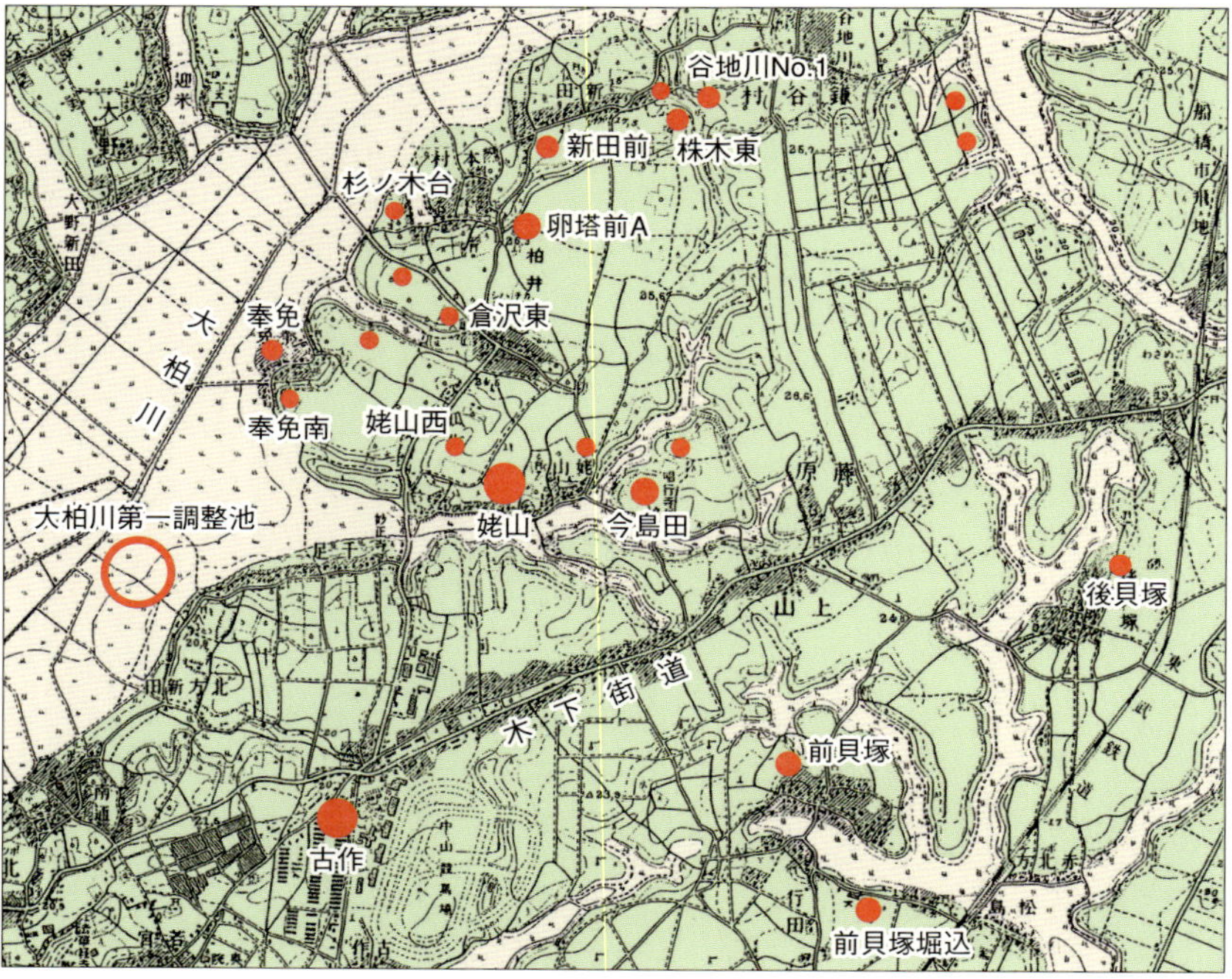

図54 ● 東群中部集団を中心とした主要遺跡
（「船橋」2万5千分の1　1959を4万分の1に縮小）

第に集団ごとに細分されていったのであろう。

2　領域内の遺跡の分布とその関係

姥山貝塚と今島田貝塚

この東群中部集団のなかで、姥山貝塚に比肩しうる中期集落としては、遺跡の中心で測ると東に五〇〇メートルしか離れていない今島田貝塚が存在している（図54・55）。

両遺跡は小さな枝谷をはさんで指呼の関係にある集落だが、異なる集団が同時に併存しているとした場合、最低でも各々数十人規模と想定される人数が倍増することになり、狭い生活領域で生活するにはかなり無理な人数となってしまう。むしろ同じ集団が居住地にして往来していたと想定するほう

図55 ● 今島田貝塚4号住居跡（上）とその埋甕炉（下）

が現実的である。そうでなければ、姥山の住人にとって、今島田貝塚の東に広がる生活領域はないこととなってしまい、生計の維持は困難となること必定である。

居住の場の移転

東群中部集団の領域内では、加曽利EⅠ期では株木《かぶき》東《ひがし》遺跡、加曽利EⅢ期では姥山西遺跡、加曽利EⅣ期では卵塔前A遺跡・新田前《しんでんまえ》遺跡が、断片的ながら知られている。

このうちこれまでに竪穴住居跡が発見されているのは株木東遺跡のみだが、広く発掘したが一軒しか発見されなかった。これは出作り小屋のような性格が予想される。

姥山西遺跡は墓かと思われる土壙が、卵塔前A遺跡は空いた貯蔵穴に貝殻が捨てられ、新田前遺跡では耕作で完形土器が発見されている。卵塔前A遺跡はいくつかの地点貝塚が点在し、また新田前遺跡も貝塚をともなう。姥山貝塚での居住が希薄な中期末は、これらの遺跡が有力な移転先と予想される。

後期初頭の称名寺期は、杉ノ木台遺跡で空いた貯蔵穴に

図56 ● C地点出土の勝坂Ⅴ式・加曽利EⅠ式土器

貝殻が捨てられていた遺構が発見されており、これも近くに居住の場の存在を想定させる。このように中期末から後期初頭にかけては、柏井台の西端に居住の場を移転していると考えられる。

株木東遺跡とその集落

後期前葉の堀之内期になって、ふたたび柏井台南端の姥山貝塚に生活の場を戻すのであるが、問題なのは、柏井台北端の株木東遺跡との関係である。というのも、堀之内期の株木東遺跡は、墓地を想定すべき土壙群と瞬時的には一軒の小屋からなり、集落は別の場所にあると考えられ、しかもその集落には姥山は除外せざるを得ないからである。

なぜなら、姥山には堀之内期にも集落内に埋葬行為があるからである。姥山の埋葬姿勢は仰臥ないし側臥伸展葬を採用しているのに対して、株木東遺跡の墓とみられる土壙群は集落の外に独立し、土壙の大きさから多数は屈葬であると想定される（図57）。このように両者は大きく異なり、同一集団の軌跡とは思えないのである。

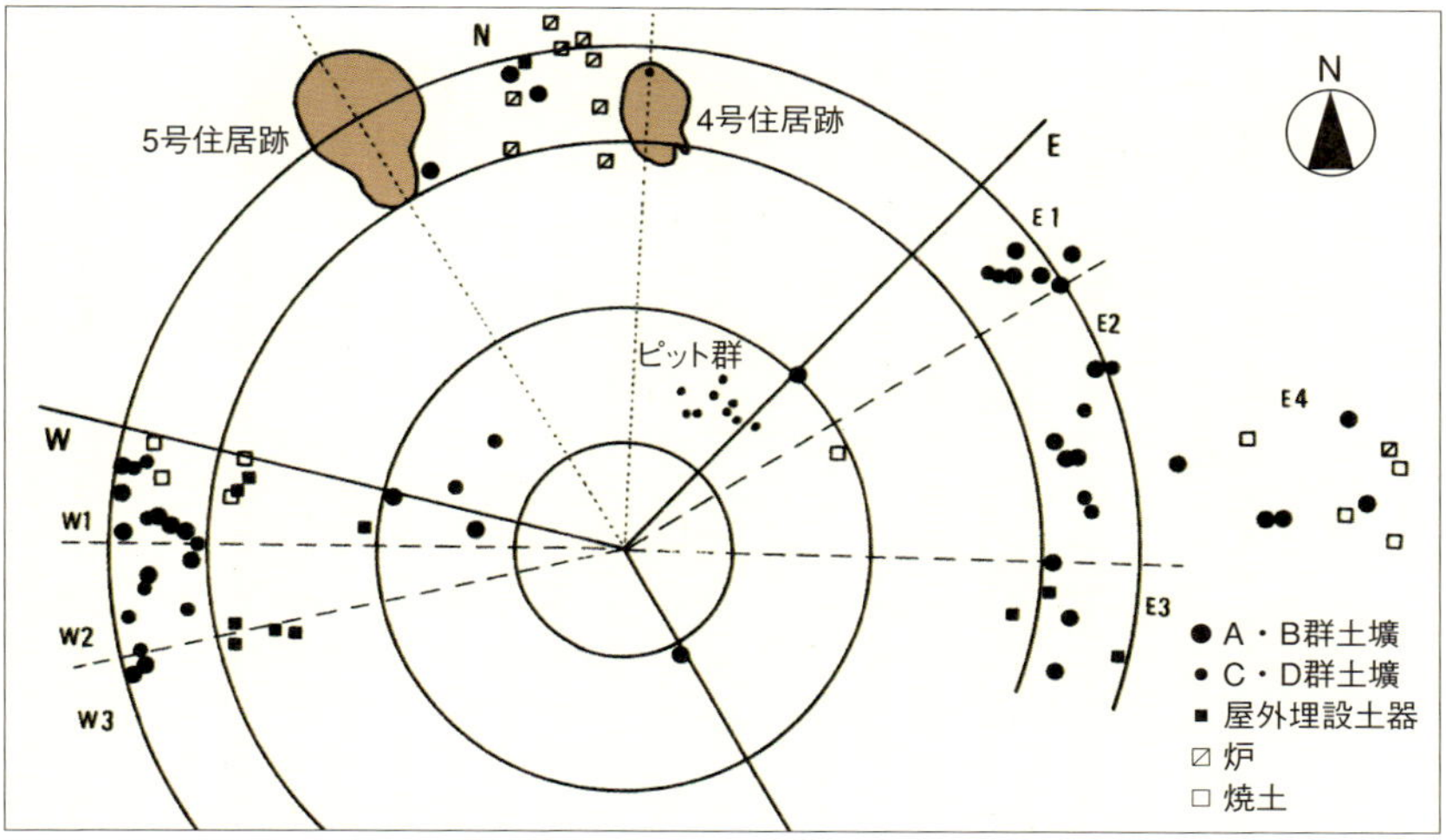

図57 ● 株木東遺跡の環状土壙群概念図

小集団への分裂

こうして株木東遺跡の墓に対応する集落を、姥山以外に想定するという課題を解決せねばならない。株木東遺跡の幅五〇メートルほどの小さな谷を隔てたすぐ北東に位置する鎌ヶ谷市の谷地川№1遺跡が、一九八七年に一部が発掘・報告され、少なくとも前期の黒浜期と後期の堀之内期の集落であることがわかった。

姥山貝塚は、堀之内期には住居の建設も貝層形成もさほど活発ではなさそうであり、集落としては小規模なものと想定される。谷地川№1遺跡も同様であろう。東群中部集団は、堀之内期には、姥山貝塚と谷地川№1遺跡の二つの小集団にさらに分裂して居住していた可能性が高いのである。なお、姥山貝塚の西八〇〇メートルにあったという奉免南貝塚も堀之内期であるが、姥山貝塚と密接に関係していた遺跡であったと思われる。

生活臭を感じさせない貝塚

市川市奉免町の奉免（安楽寺）貝塚は、一八九七年（明治三〇）の『日本石器時代人民遺物発見地名表』第一版に登場する古くから知られた貝塚の一つであるが、その所属する時期については長らく不明であった。何回踏査してもなかなか土器片を拾うことができないことに起因するのであるが、さらに石器や獣や魚の骨も採集できないという、およそ生活臭を感じさせないじつに不思議な貝塚だからである。その規模は、南北約一〇〇メートル、東西約三〇メートル、厚さ約四〇〜一〇〇センチ超、推定体積約二一〇〇立方メートルと見積られるから、かな

図 58 ● 奉免貝塚の貝層
「貝処理の作業場」と考えられる貝殻ばかりの貝層。

りのものである。一九八一年の発掘によって、貝塚の形成時期が後期の加曽利B1―2期であることが確定した。発掘地点ではもっとも厚い貝層は七〇センチであった（図58）が、その堆積状況を観察すると、主体となる貝がハマグリ→マガキ→ハイガイ→ハマグリというサイクルをくり返していて、連続であれば三年半で積成したことになる。

縄文時代後期の東京湾では、ほとんどハイガイがいなくなってしまうのに、古市川湾周辺では依然として残るのであるが、これほど目立って多いのはめずらしく、マガキの多出とともにあたかも海進期の貝塚をみるようである。おそらくこれは縄文後期海進といわれているものに該当し、先の大柏川第一調整池工事現場の「上の貝層」に相当するものと予想される。

奉免貝塚は、大柏谷本谷に面し、現代の水田面からの比高差は三メートル位しかない段丘上に立地している。当時は谷底との差はもう少しあったとはいえ、少し先に海を望む、海に直近の低平な乾陸地という位置にあった。その貝殻ばかりの貝塚は、集落内の貝塚とは大きく異なり、集落と海との間に位置する貝処理の作業場遺跡という性格が想定される。その帰るべき集落としてもっとも可能性の高いのが、ここから東南東約九〇〇メートルのところにある姥山貝塚なのである。

3　姥山集落の終焉

姥山では、後期中ごろの加曽利B2期は、M1地点で住居床面の一部が、またS2地点で貝層が発見されているから、生活の痕跡はここまでたどれるものの（図59）、この後、後期末の安行1期までは、土器がわずかに出るものの住居跡や埋葬人骨の発見は報告されていない。大きな貝塚ほど後世の貝採取の被害が大きく、また耕作の影響で包含層の上部ほど破壊されているから、新しい時期になるにつれて遺存が悪くなることも考慮すべきだが、ここ姥山の地から生活拠点を次第に別の場所に移していくようである。

ところが、後期後半と認知されている遺跡は柏井台にはなく、わずかに奉免貝塚の北側を入る倉沢谷の奥にある倉沢東遺跡で、加曽利B式と安行1式の土器片が採集されている程度である。倉沢東遺跡は、姥山貝塚から北北西に四〇〇メートルの位置にあり、この近くに後期後半の集落があるのかもしれない。これ以後の晩期の土器は柏井台では発見されていない。

その限りで、東群中部集団は消滅したことになる。北部集団の中沢貝塚か南部集団の古作貝塚といった、大領域である東群の他の集団への吸収も検討する必要があろう。

図59 ● M地点出土の加曽利B2式土器
姥山集落の終わりに近い時期の土器である。

第5章　史跡姥山貝塚

四一年後の史跡指定

一九二六年の東京帝国大学人類学教室の発掘で大きな成果をもたらした姥山貝塚は、そのころに史跡指定の話があったようだ。しかし、それは実現しなかった。千葉県の貝塚で最初に国史跡に指定されたのは小見川町の良文《よしぶみ》貝塚で、一九三〇年（昭和五）二月二八日のことである。二番目が市川市の堀之内貝塚で、一九六四年（第一次指定）。姥山貝塚は三番目で、一九六七年八月一七日である。じつに帝大発掘から四一年後に指定が実現したのであった。

地元の人びとによる保存

帝大発掘の時にスウェーデン皇太子の姥山貝塚発掘にお供をした大山柏は、その四年後、中国の天津で布教活動と博物院を創設して考古学などの研究活動をしていたフランス人宣教師エミール・リサンが来日した際に、貝塚発掘の依頼を受けたので、姥山貝塚の発掘に着手している。その報告のなかで大山は、「あの発掘地は、当時のま、ではあるが、胸まで、達する様な草蓬々たる有り様で、如何にも廃墟でも見る様な荒涼たる有り様であって、昔をしのぶ面影もない。指定も何んの故か運んで居ないとのこと、さりとて復旧も、出来ないのが現状だ。早く何れかに定めて、地主の岡本氏の迷惑を軽減したいものと、しみじみ感ずる」と述懐している。

この大山の記述から、帝大発掘後の少なくとも四年間は、発掘現場は埋め戻されずにそのまま露出していたことを知るのであるが、おそらくこれは、地主の好意で学術のために見学の便を図っていたことによるものであろう。

さらに指定と買い上げまでの四〇年以上の間、地主の方々は耕作を続け、畑を荒らされたりしても立ち入りを拒まず、また時々の発掘の申し出にも快く承諾していた。それは、地主の方々が、姥山貝塚の重要性を強く認識し研究の発展のために協力を惜しまなかったからである。

「先史人之霊」の石碑

姥山貝塚の北西部には、表側に「奉祀　先史人之霊」、裏側に「先史時代研究ノ為当地点ヲ発掘シ、二十数体ノ人骨ヲ得タルヲ記念シ地主岡本秋次郎之ヲ建ツ　昭和二十三年秋」と刻まれた小さな石碑が建っている（図60）。これは在留外人団主催のD地点の発掘を受けてのものであるが、数千年の眠りから無理やり覚めさせられた埋葬人骨に対す

図60●「先史人之霊」の石碑

る慰霊の気持ちを、私財を投じてまで石碑に残したのもまた地主さんであった。そして一九六七年八月一七日、官報告示で面積二二七七二・八一平方メートルが史跡指定され、翌年四月二〇日、地主二八名との四三筆の売買契約が締結された。こうして、姥山貝塚を守ってきた責任は、民から公に移ったのである。

史跡整備

指定後、まず門扉・門柱・管理柵が建てられたが、しばらくの間は白い標柱が立つだけの荒蕪地であった（図61）。

この地域の農家は、田圃を前にして背後に台地がせまる麓下に屋敷を構えている。敷地の不足は台地を削って造成していることが多い。この崖を背負って家屋敷が建つことで問題なのが、削ったままの崖の崖崩れである。

姥山貝塚の南側も崖を背負う民家となっているが、台風で崖崩れが発生し、史跡への影響が懸念されたため、市川市教育委員会は全体の環境整備事業を計画し、一九七七年度から八三年度までの七年間をかけて実施した。整備の基本方針は、①学習・研究の場としての屋外博物館的要素をもった整備をおこなう、②環境整備にあたり、指定地内の発掘調査は原則的におこなわず、過去の調査で明らかになった貝塚の構造、内容を広く一般の人びとが理解しやすいよう工夫する、③地域住民や見学者の憩いの場として活用できるよう整備する、④将来、発掘が必

図61 ● 1972年の姥山貝塚
国史跡に指定後で、整備される以前の風景。

要とされた場合でも、容易に調査ができるよう軽易な工法を採用する、⑤環境整備後の管理ができるだけ容易になるよう配慮する、というものであった。

事業計画のすべてが実施されたわけではなく、復元施設工事は財政上の理由で計画から除外され、将来の整備に先送りされ、残念ながらまだ実現をみていない。

現地には展示施設や駐車場がないなど、施設面でも姥山貝塚に残された課題は多い。現在、住民や考古学・史跡整備の専門家、そして行政がともに考え、よりよい史跡公園として姥山貝塚を今後どのように整備・活用したらよいのか、という検討が進められている（図62）。

人類の貴重な歴史遺産として

近くにＪＲ武蔵野線の船橋法典駅《ふなばしほうてん》ができ、姥山貝塚の周辺は宅地化が進行し、往時の田園風景は次第に失われている。大正末年の発掘の熱気は想像できないが、静かな緑のオアシスとして近隣住民が姥山貝塚公園を利用しているのをよく見かける。長年にわたって発掘され、その内容をめぐって議論された姥山貝塚は、考古学者にとってあまりにも偉大で手強い遺跡である。姥山貝塚の内部を見る幸運は未来の研究者に譲ることになるが、姥山貝塚は人類の貴重な歴史遺産として、保護とともに活用が図られる日を鶴首して待ちたい。

図62 ● 2004年の姥山貝塚近景、西の正門付近

あとがき

私は東京都内で生まれ、遺跡・遺物とは無縁に育ったが、小学生のころから縄文に興味をもち、大学では考古学専攻を選択した。考古学を勉強しはじめると、しだいに貝塚遺跡を訪れることが多くなり、貝塚の縄文にのめりこんでいくこととなった。フィールドは千葉県の貝塚。市川市は通り過ぎることが多かったが、何度も総武線に乗って千葉方面にかよった。

学史に登場する著名な遺跡の場合、遺物や情報が地元にほとんどなく、遺跡のみがたたずんでいることが多い。姥山貝塚の場合もそうで、長い発掘調査の歴史に対峙して、大きな絶望感に見舞われたこともあった。それでも気をとり直して記録を跋渉し、データをつなぎ合わせて、ジグソーパズルのように遺跡の全容を組み立てていった。本書は、過去の情報をまとめたにすぎないかもしれないが、読者のためにささやかな手引きの役割を果たすことができたならば、著者としては望外の喜びである。

本書の作成にあたっては、戸沢充則先生、岡田茂弘先生にお世話になった。ここに明記して感謝申し上げたい。また、明治大学考古学研究室、明治大学博物館、市立市川考古博物館には、資料掲載でご配慮いただいた。厚くお礼を申し上げる。最後に、姥山貝塚の発掘・研究に挑んだ先学のご苦労、元地権者・耕作者のみなさんの累代にわたるご苦労をしのび、これまでご支援・ご協力をいただいた多くの皆さまにも深く感謝申し上げたい。

主な参考文献

八木奘三郎　一八九三「千葉地方貝塚探究報告、古作の部」『東京人類学会雑誌』八四

八木奘三郎　一八九三「千葉地方貝塚探究報告（第八十四号の続）」『東京人類学会雑誌』八八

江見水蔭　一九〇九『地中の秘密』博文館

八幡一郎　一九二六「瑞典皇太子同妃殿下の御来朝」『人類学雑誌』四一―九

大山柏　一九二六「瑞典皇儲殿下の姥山貝塚御見学」『人類学雑誌』四一―一〇

宮坂光次・八幡一郎　一九二六「下総姥山貝塚発掘調査予報」『人類学雑誌』四二―一

大山柏・甲野勇　一九三一「リサン師と姥山」『史前学雑誌』三―一

松村瞭・八幡一郎・小金井良精　一九三二「下総姥山ニ於ケル石器時代遺跡」『東京帝国大学理学部人類学教室研究報告』五

関野克　一九三八「埼玉県福岡村縄紋前期住居址と竪穴住居の系統に就いて」『人類学雑誌』五三―八

杉原荘介　一九四〇「下総姥山貝塚に於ける私の採集品」『考古学』一一―六

グロート・篠遠喜彦　一九五二「姥山貝塚」『ニッポニカ第一類日本考古学』Ⅱ　日本考古学研究所

金子浩昌　一九五九「石器時代の漁撈活動―県下の縄文文化期貝塚とその出土遺物からみて―」『千葉県石器時代遺蹟地名表』千葉県教育委員会

杉原荘介編　一九六三『市川市の貝塚』市川市教育委員会

山内清男　一九六四「縄紋式土器・総論」『日本原始美術』一　講談社

山内清男　一九六七「石器時代の犬小屋」『先史考古学論文集』五

杉原荘介・戸沢充則　一九七一「貝塚文化―縄文時代」『市川市史』一

遠藤美子・遠藤満里　一九七九「東京大学総合研究資料館収蔵日本縄文時代人骨型録」『東京大学総合研究資料館標本資料報告』三

大塚和義　一九七九「縄文時代の葬制」『日本考古学を学ぶ（3）』有斐閣

春成秀爾　一九八一「縄文時代の複婚制について」『考古学雑誌』六七―二

市川市教育委員会　一九八五『史跡姥山貝塚環境整備事業実施報告書』

佐々木藤雄　一九八六「縄文時代の家族構成とその評価」『異貌』一二

西沢明　一九九四「縄文時代中・後期の墓址における区分原理」『東京考古』一二

水嶋崇一郎・桑村和行・諏訪元　二〇〇四「縄文時代人骨データベース2）姥山」『東京大学総合研究博物館標本資料報告』五四

堀越正行　二〇〇五「縄文時代中・後期における古市川湾水系の集落と遺跡群」『地域と文化の考古学』Ⅰ　六一書房

図の出典（複製禁止）

図3・21・28・30・32~34・41・44　『東京帝国大学理学部人類学教室研究報告』五／図4　東京国立博物館、Image: TNM Image Archives Source:http://TnmArchives.jp/／図5　『好古雑誌』初編六／図11　日本第四紀学会編『日本第四紀地図』／図13　松島義章「縄文時代の海岸線」『どるめん』24・25／図14・54　国土地理院／図17（左・中）『地中の秘密』／図17（右）『千葉県石器時代遺蹟地名表』／図19　『大柏村全図』／図20　岡田茂弘／図22・35~37・40『市川市の貝塚』／図23　『東京人類学会雑誌』八八／図25・38・39・46・48『市川市史』第一巻／図26・27『人類学雑誌』四二―一／図29　八幡一郎「下総姥山貝塚の発掘」『採集と飼育』二―六／図31　八幡一郎「縄文式文化時代」『日本考古学入門』／図42　『考古学雑誌』六七―二／図45　『人類学雑誌』五三―八／図49・50・52・59　明治大学考古学研究室・博物館／図2・10・12・15・16・51・55・56・58・61　市立市川考古博物館

上記以外の図　著者

姥山貝塚

・千葉県市川市柏井町1丁目1212番地ほか
・JR武蔵野線「船橋法典駅」から、線路沿いに北へ徒歩10分
・駐車場　無
・姥山貝塚公園として一般開放されている。発掘地点ごとに説明版が設置されている。

姥山貝塚公園

整備された発掘地点と説明版

市立市川考古博物館

・千葉県市川市堀之内2―26―1
・047（373）2202
・9：00～16：30
・休館日　毎週月曜日、国民の祝日（5月3・4・5日、11月3日は開館）、月曜が祝日の場合は翌日、年末年始
・入場料　無料（特別展はその会場のみ有料）
・北総線北国分駅下車徒歩10分、JR市川駅からバスで15分（京成バス北国分駅・聖徳学園・国分経由松戸駅行き）「博物館入口」下車徒歩10分
・史跡堀之内貝塚の隣に1973年に開館した考古学専門の博物館。市川の各貝塚・須和田遺跡・法皇塚古墳・下総国分寺などの考古資料が展示されている。

市立市川考古博物館

刊行にあたって

「遺跡には感動がある」。これが本企画のキーワードです。

あらためていうまでもなく、専門の研究者にとっては遺跡の発掘こそ考古学の基礎をなす基本的な手段です。また、はじめて考古学を学ぶ若い学生や一般の人びとにとって「遺跡は教室」です。

日本考古学では、もうかなり長期間にわたって、発掘・発見ブームが続いています。そして、毎年厖大な数の発掘調査報告書が、主として開発のための事前発掘を担当する埋蔵文化財行政機関や地方自治体などによって刊行されています。そこには専門研究者でさえ完全には把握できないほどの情報や記録が満ちあふれています。しかし、その遺跡の発掘によってどんな学問的成果が得られたのか、その遺跡やそこから出た文化財が古い時代の歴史を知るためにいかなる意義をもつのかなどといった点を、莫大な記述・記録の中から読みとることははなはだ困難です。ましてや、考古学に関心をもつ一般の社会人にとっては、刊行部数が少なく、数があっても高価なその報告書を手にすることすら、ほとんど困難といってよい状況です。

いま日本考古学は過多ともいえる資料と情報量の中で、考古学とはどんな学問か、また遺跡の発掘から何を求め、何を明らかにすべきかといった「哲学」と「指針」が必要な時期にいたっていると認識します。

本企画は「遺跡には感動がある」をキーワードとして、発掘の原点から考古学の本質を問い続ける試みとして、日本考古学が存続する限り、永く継続すべき企画と決意しています。いまや、考古学にすべての人びとの感動を引きつけることが、日本考古学の存立基盤を固めるために、欠かせない努力目標の一つです。必ずや研究者のみならず、多くの市民の共感をいただけるものと信じて疑いません。

監　修　戸沢　充則

編集委員　石川日出志　小野　正敏
勅使河原彰　佐々木憲一

著者紹介

堀越正行（ほりこし・まさゆき）

1947年生まれ。明治大学大学院史学専攻考古学専修修士課程修了。

現在、市立市川考古博物館長。

主な著作　『改訂版考古学を知る事典』（共著、東京堂出版）『縄文貝塚の謎』（共著、新人物往来社）『堀之内貝塚資料図譜』（共著、市立市川考古博物館）『向台貝塚資料図譜』（共著、市立市川考古博物館）「千葉県市川市出土黒耀石遺物の原産地研究」（共著、『駿台史学』124）ほか

シリーズ「遺跡を学ぶ」019

縄文の社会構造をのぞく・姥山貝塚（うばやまかいづか）

2005年 9月25日　第1版第1刷発行

著　者＝堀越正行

発行者＝株式会社 新 泉 社
東京都文京区本郷 2-5-12
振替・00170-4-160936番　TEL03(3815)1662／FAX03(3815)1422
印刷／太平印刷社　製本／榎本製本

ISBN4-7877-0539-3　C1021

シリーズ「遺跡を学ぶ」（第Ⅰ期・全30巻　毎月1冊刊行）

001	北辺の海の民・モヨロ貝塚	米村　衛
002	天下布武の城・安土城	木戸雅寿
003	古墳時代の地域社会復元・三ツ寺Ⅰ遺跡	若狭　徹
004	原始集落を掘る・尖石遺跡	勅使河原彰
005	世界をリードした磁器窯・肥前窯	大橋康二
006	五千年におよぶムラ・平出遺跡	小林康男
007	豊饒の海の縄文文化・曽畑貝塚	木﨑康弘
008	未盗掘石室の発見・雪野山古墳	佐々木憲一
009	氷河期を生き抜いた狩人・矢出川遺跡	堤　隆
010	描かれた黄泉の世界・王塚古墳	柳沢一男
011	江戸のミクロコスモス・加賀藩江戸屋敷	追川吉生
012	北の黒曜石の道・白滝遺跡群	木村英明
013	古代祭祀とシルクロードの終着地・沖ノ島	弓場紀知
014	黒潮を渡った黒曜石・見高段間遺跡	池谷信之
015	縄文のイエとムラの風景・御所野遺跡	高田和徳
016	鉄剣銘一一五文字の謎に迫る・埼玉古墳群	高橋一夫
017	石にこめた縄文人の祈り・大湯環状列石	秋元信夫
018	土器製塩の島・喜兵衛島製塩遺跡と古墳	近藤義郎
別冊01	黒耀石の原産地を探る・鷹山遺跡群	黒耀石体験ミュージアム

A5判／96頁／定価1500円十税